これからの
地域公共交通
十六総合研究所
提言書
JN056429

目 次

はじめに

交通需要の自家用車へのシフト、少子化による人口減少、加えてコロナ禍による移動の制限などにより、公共交通の利用者は特に地方において大きく減少しており、交通事業の存続が危ぶまれている。地方は自家用車の普及率が高く、日常的に公共交通を利用する人は学生や高齢者、免許を持たない人などが多くを占めるが、公共交通の減便や廃止は、こうした交通弱者と呼ばれる人たちに不便な生活を強いることになる。

「地域住民の健康で豊かな暮らしを確保し、持続可能な地域を実現する」ためには、自家用車がなくとも域内外の移動に必要な公共交通が整備され、かつそれが持続可能なものである必要がある。しかし利用者の減少による赤字路線の拡大、運転手不足、補助金等財源の確保など、公共交通が抱える問題は年々深刻化しており、このままでは鉄道もバスもタクシーも走らない、生活が困難な地域が拡大し、国土の荒廃が進むことが懸念される。

地域の明るい未来を描くために、今を生きる私たちに何ができるだろうか。本書では、公共交通の現状把握・分析を行い、その価値・存在意義を再認識したうえ、これからの公共交通をよりよいものにしていくための提言を行う。本書の構成は以下のとおりである。

第1章：移動の重要性と地域公共交通の現状

私たちの日常生活は、「移動」のうえに成り立っている。日本では戦後しばらく、人口増加を背景に公共交通黄金時代が続いたが、自家用車の普及に伴い人々のライフスタイルは激変し、特に地方では自家用車での移動を前提とした生活が定着した。近年は学生数の減少や元気な高齢ドライバーが増えたことも、公共交通利用者の減少に拍車をかけている。日本特有の内部補助の仕組みは限界を迎えており、大半の自治体が財政支援を行うことにより、地域の公共交通網を維持している現状がある。一方で、国による法律や施策の変化を辿りながら、地域公共交通の在り方を自治体が主体的に決めていくという流れが、段階的に強められた経緯について紹介する。

第2章：地域の公共交通を支える交通手段

主要な交通手段の特徴、現状を俯瞰する。DMV（デュアル・モード・ビークル）、グリーンスローモビリティ、自家用有償旅客運送など、新しい乗り物や制度にも光を当てる。

第3章：公共交通に関する意識についてのアンケート

地域住民1,080人を対象としたアンケートにより、公共交通に対する人々の意識を明らかにする。アンケートに回答していく過程で「本提言の要旨」を読んでいただいた結果、回答者の意識がどのように変化したかについても詳細な分析を行う。運転手不足の問題解決のヒントにも言及する。

第4章：公共交通の維持・存続を考えるうえでの視点

公共交通の存続や運用方針は多面的な視点からの検証が不可欠であり、採算や利便性だけで決定すべきものではない。SDGsの視点からは、目標11の「包摂的で安全かつ強靱で持続可能な都市及び人間居住を実現する」や、目標12の「持続可能な生産消費形態を確保する」、目標13の「気候変動及びその影響を軽減するための緊急対策を講じる」などの達成に、公共交通機関が果たす役割は大きいこと、MaaSの有効活用、クロスセクター効果の概念、公共交通の地域経済への貢献度、自動運転の現状と将来性などについて述べる。また、利用者の健康増進や家計にプラスの影響を与えることなどにも触れ、近時話題となっている「交通税」についても考察を加える。

第５章：地域公共交通の再構築

国が示す再構築の方向性を確認しつつ、公共交通機関を最適化するためのポイントについて述べる。

第６章：提言

最終章では、本書のまとめとして、地域住民、企業、公的部門に対して提言を行う。

人口減少により右肩上がりの成長を描くことが難しい現在、公共交通の衰退は地域の衰退を加速させる要因のひとつと言える。しかし裏を返せば、公共交通の活性化は地域の活性化に繋がるとも言えるのではないだろうか。誰かが何かしてくれるのを待っていても、おそらく何も変わらない。「地域住民の健康で豊かな暮らしを確保し、持続可能な地域を実現する」ために、私たちには今、地域公共交通の存続に向けて、自ら積極的に変化を起こしていくことが求められていると考える。

本書がいささかなりとも皆さまの興味と関心に留まり、「これからの地域公共交通」を考えるにあたっての議論の端緒になれば幸いである。

2023年４月

株式会社十六総合研究所

GifuBus

第1章

移動の重要性と地方公共交通の現状

第1章 移動の重要性と地方公共交通の現状

私たちの日常生活は、「移動」のうえに成り立っていると言ってよい。通勤通学、買い物、通院、各種会合への参加、娯楽、飲食、友人や親族への訪問…、こうした日々の移動に、鉄道・バス・タクシーなどの公共交通機関や、自家用車は不可欠な存在である。

しかし、コロナ禍により人の移動が制限され、「リモート」でそれを代替する「新しい生活様式」が急速に広まった。仕事も授業も、その気になれば自宅でできる。買い物は通販で代替できることが多く、食事の配達サービスを使えば、レストランの料理すら自宅に届く。医師の診療も一部はリモートで可能だ。オンライン飲み会がもてはやされた時期もある。こうしたオンラインを駆使した生活は確かに便利な面はあるが、何か物足りなさを感じてしまう人が多いことだろう。リモートで日常生活の一部を代替できたとしても、移動を伴った生活から得られる喜びや満足感、臨場感などをすべて代替することは難しい。コロナ禍を経て、私たちはリアルな体験の有り難さ、大切さを再認識することになったが、リアルな体験は通常「移動」を伴う。

ほとんどの人にとって、「移動」は日常的なものであるが、そのために公共交通機関を利用する人は、特に地方においては減少してきている。交通事業者もこれに対応すべく、さまざまな経営努力を行ってはいるが、国内の地方交通事業者の多くが赤字経営を余儀なくされ、さらにコロナ禍による交通需要の減少が追い打ちをかけている。その結果、規模・体力を有する一部事業者を除けば、日本の公共交通事業は、存続が危ぶまれる状況となっている。

1.1. 地方の公共交通を取り巻く環境

地方の公共交通の衰退は、今に始まった話ではない。国鉄民営化の時期には、赤字ローカル線の扱いが議論され、地方の末端路線の廃止やバス転換が多数行われた。一方で都市部においては、人口の都市集中によるラッシュ時の混雑や交通渋滞は相変わらず深刻であり、「交通問題」は地域によって全く異なる様相を呈している。そこで本調査・提言は、「地方の公共交通」の抱える問題を研究の対象とした。

公共交通のうち鉄道や路線バスといった乗合輸送のメリットは、大量の人々を一度に運ぶことにより効率性を追求し、利用者には割安な運賃で移動サービスを提供できることであるが、一度に運ぶ人数が少ないと、そのメリットを活かせないどころか、かえって輸送効率が低下してしまう。このため交通需要が減少すると、運行本数の減少や路線の集約などが行われるが、利用者にとっては利便性の低下となり、さらなる利用の低迷を招くことになる。このように地方の鉄道や路線バスは、その存続のために利便性を犠牲にしてきたところも少なくない。例えば1日の運行本数がわずか3往復といった路線など、もはや「地域の足」とは呼べないような例も見られる。

昨年、JR各社（一部を除く）が路線別の経営状況を発表したことで、地方における鉄道経営の困難さが浮き彫りになった。JR東日本やJR西日本のような巨大企業でも、今後の事業継続のためには赤字を出し続ける路線を維持していくことが困難になっている。資本力のない地方の中小鉄道会社やバス会社の多くは運輸事業の赤字経営が続いている。その赤字を、運輸以外の事業の黒字や補助金で補い、かろうじて事業を継続するスタイルがよく見られる。しかし、急速に進む利用者の減少や、2020年から深刻化した新型コロナ感染拡大による旅客需要の急減を受け、深刻な経営難に見舞われている。リモートワークやweb会議などの普及で、コロナ後も利用者が元の水準には戻らないと予想されており、長期的な見通しを立てられない事業者においては、いよいよ「廃止」「撤退」を真剣に検討せざるを得ない状況に追い込まれている。

1.1.1. モータリゼーションがもたらしたもの

日本で自家用車の普及が本格化したのは高度経済成長期である。欧米では、自家用車の大量生産による価格低下により、第2次世界大戦前から普及が始まり、戦後本格的な拡大に至ったが、日本での自家用車の普及はそこから数十年遅れた。人々が便利な自家用車を使うようになると、当然公共交通の利用は減少するため、自家用車の普及は公共交通の衰退と表裏一体の関係にある。この、公共交通から自家用車へのシフトのタイミングが、日本は欧米に比べてかなり後にやってきたために、それまでの長期にわたり日本の公共交通は、人口増加を背景とした交通需要の増加による黄金時代を謳歌することができた。

図表 1-1　バスの輸送人員と自家用車の保有状況

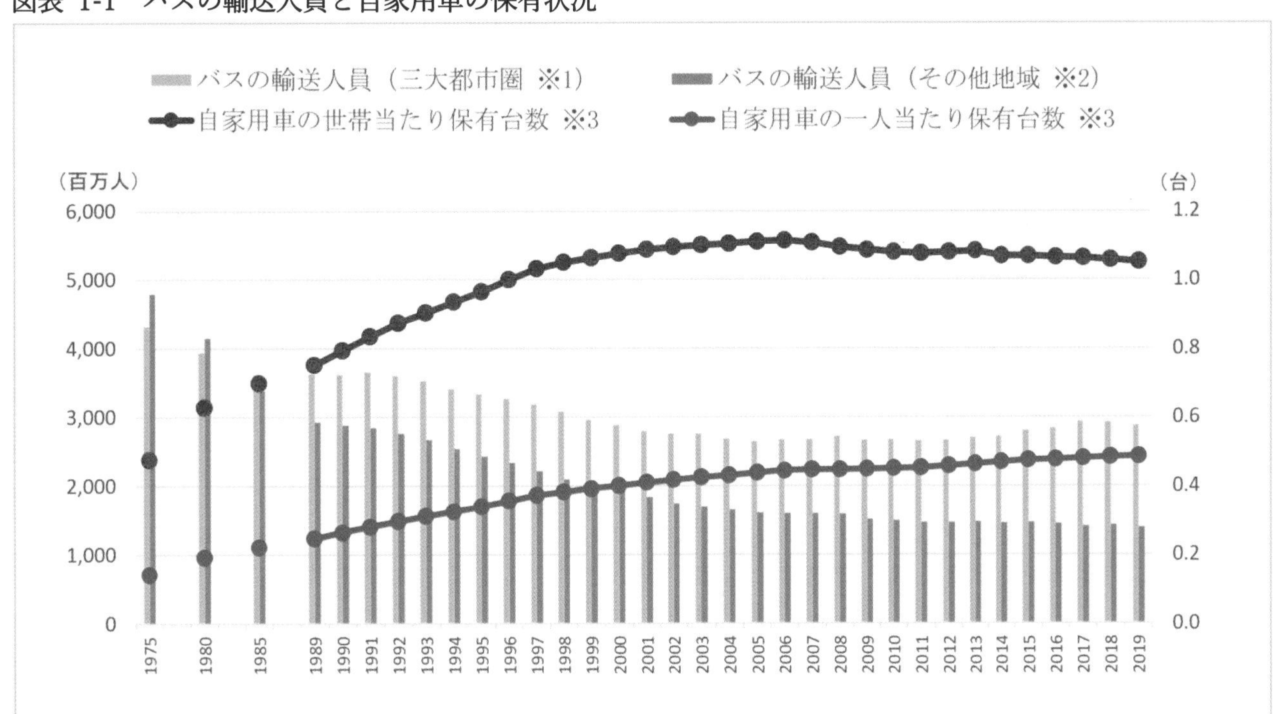

出所：　国土交通省：自動車関係情報・データ　総務省統計局：人口推計　一般財団法人 自動車検査登録情報協会HPより十六総合研究所作成

※1　三大都市圏は埼玉県、千葉県、東京都、神奈川県、愛知県、京都府、大阪府、兵庫県の集計値

※2　その他地域は、三大都市圏以外の集計値

※3　自家用車は、タクシーなど事業用を除く乗用車

1975年における自家用車の保有台数は1世帯当たり0.5台にも達していなかったが、約20年後の1996年には1世帯に1台を保有するに至った。この間、バスの輸送人員は減少し続け、特に三大都市圏を除く「その他地域」においてはそれが顕著であった。2000年代に入ると、世帯当たりの保有台数は2006年頃をピークに減少に転じるが、一人当たりの保有台数は増加しており、現在は2人に1人が自家用車を保有している。また、三大都市圏のバスの輸送人員は微増に転じているのに対し、「その他地域」のバスの輸送人員は減少傾向が続いており、特に地方においてバス離れが進行していることがうかがえる。

自家用車の普及のインパクトは非常に大きく、町の姿や私たちの生活スタイルに大きな変化を及ぼした。公共交通ではなく車で生活することを前提に町は発展し、私たちはそれを当然のものとして受け入れていった。高度経済成長期には増え続ける人口に対応するため、各地でニュータウンが建設され、公共交通アクセスが確保される場合が多かったが、公共交通機関で市街地まで行けないエリアにも、車での移動を前提とした住宅街が拡大した。大型商業施設や郊外型スーパーは、土地が相対的に安く、広い売り場や駐車場を確保できる郊外に立地するようになった。徒歩やバスで、近くの商店街に毎日のように買い物に出かける生活は、車で毎週末、郊外のスーパーや量販店で買いだめをする生活へと変化した。かくして、私たちの生活が、車での移動を前提としたものに、そして町の構造そのものも、車での移動を前提としたものに変わっていった。

図表 1-2　自家用車の世帯当たり保有台数

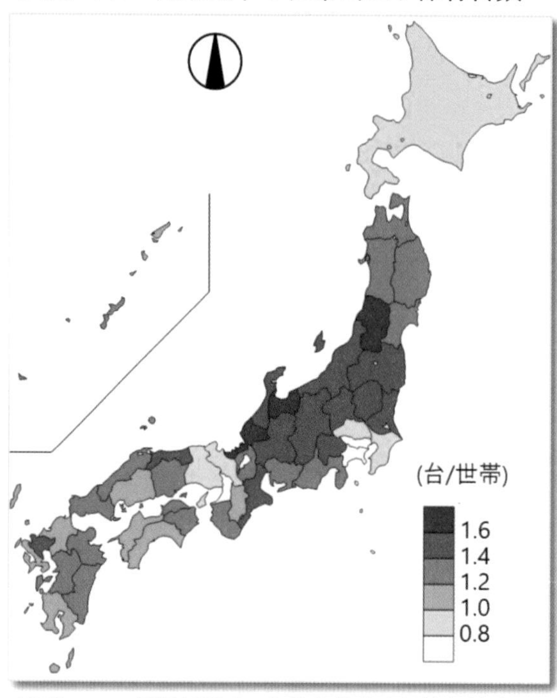

出所：　一般財団法人 自動車検査登録情報協会
2022 年 4 月資料より十六総合研究所作成

都市部など、生活に必要な施設が狭い範囲に集まっている場合、公共交通があれば生活にさほど困らない。東京都、大阪府、神奈川県、京都府、兵庫県、埼玉県、千葉県の世帯当たり自家用車保有台数は全国平均の 1.0 台を下回り、特に東京都は 0.4 台と、全国平均の半分に満たない。

一方、人口密度が低い地方は、自宅の敷地内に車庫があるため（ガレージ代がかからないなど）保有コストが低い。買い物や通院などの移動距離が長くなる傾向があり、バスや電車の本数も少ないため、自家用車の優位性、利便性が際立つことになる。福井県の世帯当たり自家用車保有台数は 1.7 台と、東京都の 4 倍である。かくして地方では自家用車の保有率は高くなり、自家用車に依存した生活スタイルはますます強化されていくこととなる。
※ 東海三県の世帯当たり保有台数は、岐阜県 1.5 台、三重県 1.4 台、愛知県 1.2 台（2022 年）。

1.1.2. 公共交通利用者の変化

地方における公共交通の利用者減少の主な原因は、自家用車保有台数の増加による公共交通から自家用車への移動需要のシフトにある。しかし、世帯当たりの自家用車保有数は 2000 年代に入り頭打ちとなっており、公共交通から自家用車への移動需要のシフトは一段落したものと考えられる。にもかかわらず、公共交通の利用が減少しているのは、少子高齢化による人口減少、特に主な利用者である学生数の減少の影響を大きく受けている地域が多いからである。加えて、かつては運転免許を持たない高齢者（特に女性）が公共交通を利用していたが、世代が変わり高齢者の免許所持率は上昇しており、元気な高齢ドライバーが増えたこともその一因と考えられる。

「地方においては、公共交通の最大のお得意様は高校生だ」と聞くと、都市部にお住まいの方は意外な印象を受けるかもしれない。しかしそれは事実で、ほとんどの大人は運転免許と自分の車を持っているし、中学生以下の子どもは徒歩や自転車、スクールバスで通学するため、ボリュームゾーンは高校生に限られてくるのだ。昼間は空気を運んでいるような鉄道やバス路線も、朝の通学時間帯に限っては満員の学生を捌（さば）いている地域も少なくない。

図表 1-3　高等学校の学生数の推移

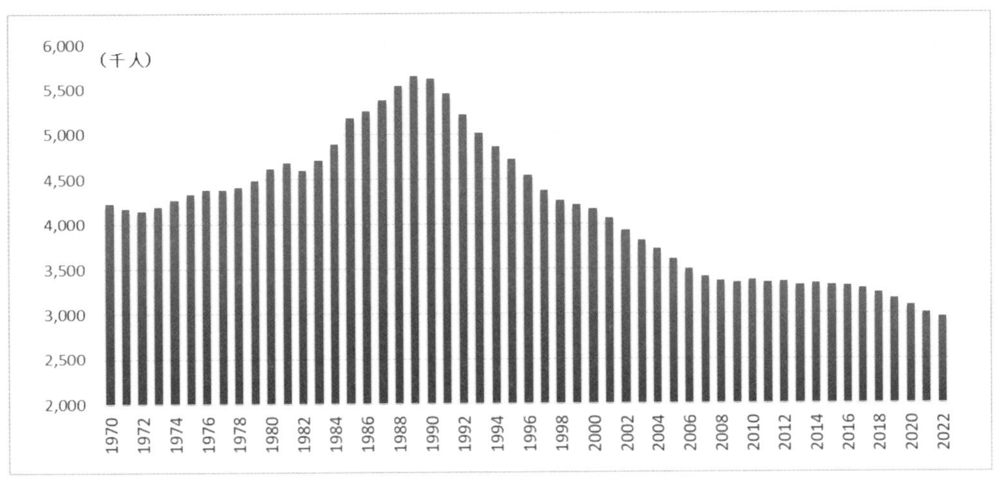

出所：　総務省統計局　人口推計より十六総合研究所作成

高校生の数は少子化で減少傾向にあり、2022 年現在は約 300 万人と、564 万人を超えていた 1989 年の概ね半分の水準まで減っている。過疎化が進む地域では、今後も高校生の数が急速に減少していくことが予想されるため、運賃収入の多くを高校生の通学需要に依存する交通事業者にとっては、過疎化と少子化は事業の縮小・撤退に直結する頭の痛い問題である。

図表 1-4　運転免許保有者数の推移

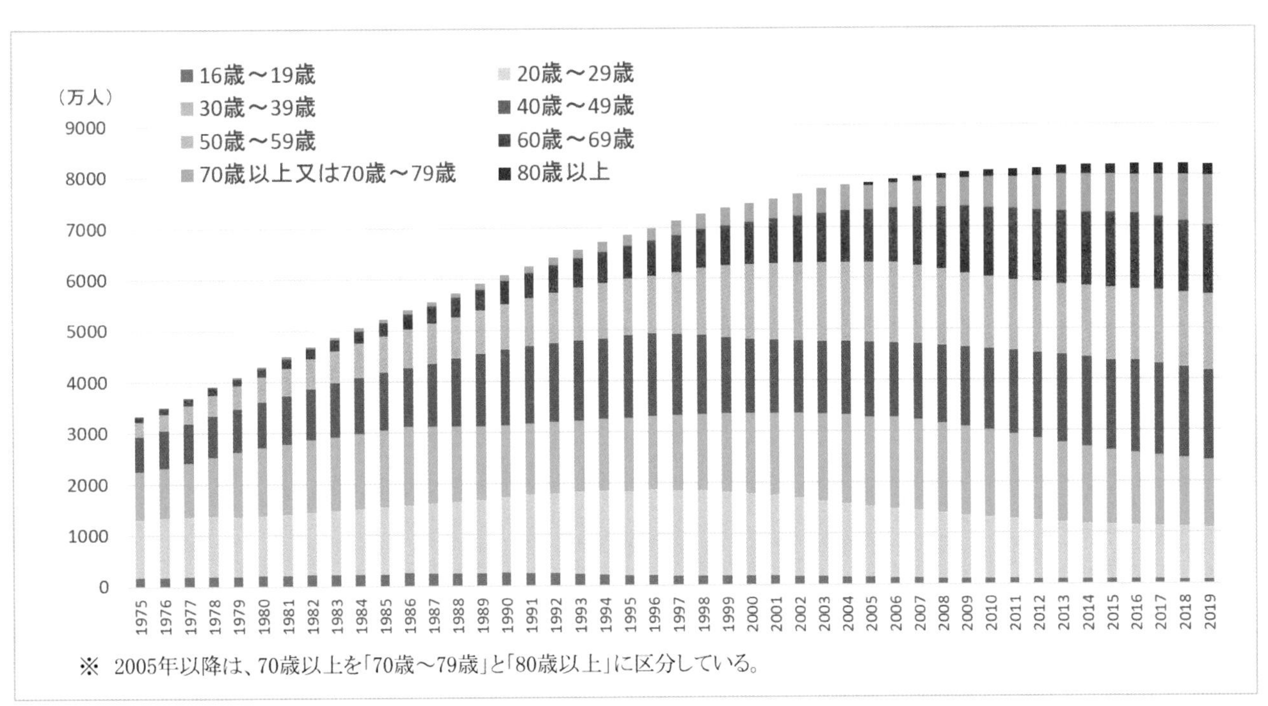

出所：内閣府　令和2年交通安全白書（2020年）

運転免許保有者数の推移を見ると、1975 年には 3,348 万人だった運転免許保有者数は，2008 年に 8,000 万人を超え、2019 年には 8,216 万人となっている。年齢層別に見ると、16 歳から 19 歳までの運転免許保有者数は、1986 年の 264 万人をピークに年々減少し、2019 年にはピーク時のおよそ 3 分の 1 になる一方、

70 歳以上の運転免許保有者は年々増加し続け、2019 年は 1,195 万人と、1975 年の約 90 倍、1986 年の約 15 倍となり、全運転免許保有者の 14.5%を占めている。

1.1.3. 公共交通の維持が不可欠な理由

一方で、公共交通の重要性は、今後むしろ高まっていくことが予想される。ひとつには、今後も増加が見込まれる運転免許返納者の存在がある。高齢者人口の増加に伴い、運転免許を自主返納する人は増加傾向にある。高齢者による交通事故の増加が社会問題となるなか、安全運転に自信がない高齢の方には、早期の運転免許の返納と公共交通へのシフトが望まれる。高齢者の中には、運転に不安はあるが、やむなく車の運転を続けざるを得ない人も少なくない。公共交通網を充実させることで早期の免許返納を促し、安全・安心な生活が送れる環境を整備していくことが重要である。

図表 1-5　運転免許の自主返納の状況

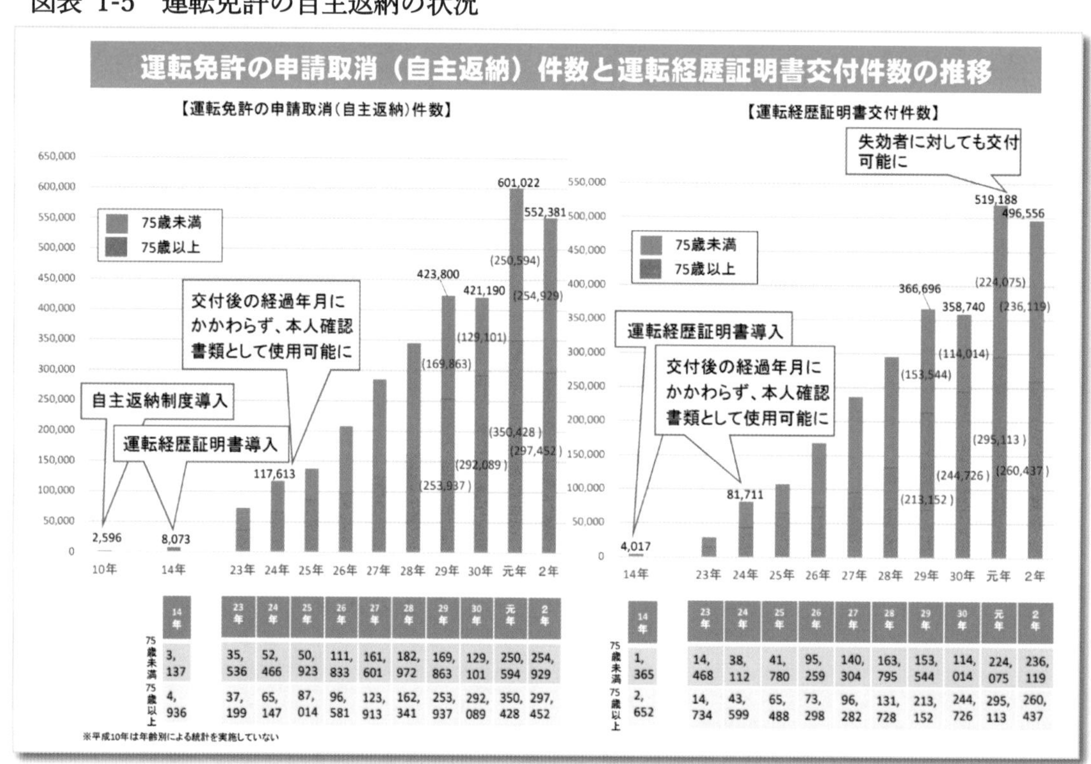

	14年	23年	24年	25年	26年	27年	28年	29年	30年	元年	2年
75歳未満	3,137	35,536	52,466	50,923	111,833	161,601	182,972	169,863	129,101	250,594	254,929
75歳以上	4,936	37,199	65,147	87,014	96,581	123,913	162,341	253,937	292,089	350,428	297,452

※平成10年は年齢別による統計を実施していない

	14年	23年	24年	25年	26年	27年	28年	29年	30年	元年	2年
75歳未満	1,365	14,468	38,112	41,780	95,259	140,304	163,795	153,544	114,014	224,075	236,119
75歳以上	2,652	14,734	43,599	65,488	73,298	96,282	131,728	213,152	244,726	295,113	260,437

出所：　警察庁 HP　運転免許の申請取消（自主返納）件数と運転経歴証明書交付件数の推移

鉄道や民間バス路線の撤退に伴い、公共交通へのアクセスが不便になる地域が増加してきたことに対し、この十数年間、多くの自治体はコミュニティバスやオンデマンド型交通の導入により対処してきた。さらに人口の減少や予算の制約が厳しい地域には、自家用有償旅客運送制度（2.10.2.参照）や、道路運送法によらない各種送迎バスへの混乗、地域ボランティアによる無償運送といった手段も広まっている。自治体が必死になり、地域の足としての公共交通を維持しようとする理由は、公共交通の衰退が地域の衰退に直結するからである。

例えば地域のバス路線が廃止された場合、最も影響を被るのは交通弱者である高齢者と学生である。買い物や通院など、高齢者がその地域での生活を維持するのに必須な移動ができなくなれば、もはやその地域に住み続けることは困難だ。運転免許を持たない高校生の通学手段がなくなるのも深刻な問題であり、安全・安心な通学手段が確保できない以上、子育て中の家族がそのような地域に定住したいとは思わないだろう。こうして地域の魅力は色あせ、同時に地価も下落し自治体の税収は減少、人がほとんど住まない、いや「住めない」エリアが広がっていくことになる。

「人口が減少するのだから、そんな地域は切り捨ててしまえばよい」という声も聞かれるが、それは国家の危機を招く考え方である。公共交通の維持に苦労している地域は、人口密度が低く、山間部や広大な農地が広がるようなエリアであることが多い。そこが住めない地域になるということは、国土の荒廃に直結する。耕作放棄地の増加は日本の食料生産量の減少を招き、ただでさえ低い食料自給率をさらに低下させることになる。森林の手入れが行き届かなくなると良質な木材が育たなくなり、保水力の低下から水害への耐性も低下、その被害は下流の都会にも及ぶ。地方の公共交通維持のために、都市部の人々も相応の負担をしてもよいのではないかという考え方は、一定の説得力を持つ。

公共交通は、高齢者の健康寿命にプラスの影響を与えることも見逃せない。公共交通が不便になると、高齢者の外出頻度や外出の機会が減少し、社会的な孤立と身体能力の衰えが進行する。岡村[1)]は、「不便を感じながらも移動ができている人」より深刻なのは「移動する意思や意欲を失った人」や「地域とのつながりが小さくなってしまった人」であると言う。公共交通の衰退は、そのような境遇に置かれる人たちを増加させ、そのツケは、介護・医療費の増大として地域社会へ回ってくる。同氏は「高齢者の交通政策のゴールは、移動の機会を創出することで社会的な孤立を防ぎ、健康と生活の質をできるだけ維持して、健康寿命を延ばしていくことであろう。」とも述べている。

参考文献

1　岡村敏之（2021）「生活の質の向上に資する地域モビリティ」『地域モビリティの再構築』 薫風社　p37〜

1.2. 地方の公共交通を支える内部補助と財政支出

日本で公共交通が始まったのは明治時代とされる。規模の経済性が働く鉄道や海上輸送サービスを運営するには高度な技術と巨額の初期投資が必要であり、国や有力な民間企業がこの役割を担った。1906年の鉄道国有法により、国防上の必要性から各地の私鉄が国有化され、国鉄は国内の隅々にまでその路線網を伸ばしていった。しかし、高度経済成長期以降は経営悪化が深刻となり、1987年に国鉄分割民営化が実施され、利用が非常に少ない線区を廃線もしくは第三セクターに移行したうえで、残りをJR各社が引き継ぐこととなった。こうした経緯から、日本における鉄道事業の大半は民間企業による運営であり、またバス事業においても、民間の大手、中小バス会社のシェアが大きい。このように日本においては、民間セクターが公共交通で大きな役割を果たしている。

2007年施行の地域公共交通活性化再生法（地域公共交通の活性化及び再生に関する法律）において、「地域公共交通」という言葉について法律上の定義がなされた。公共交通の役割は、単に地域住民の日常の移動を支えるにとどまらず、観光客や来訪者の移動をも支えるものとされた。また、一般乗用旅客自動車運送事業者（タクシー）や自家用有償旅客運送者（2020年改正以降）も、地域交通事業者として明確に位置づけられた。

図表 1-6　地域公共交通の活性化及び再生に関する法律（2007 年施行）上の定義

地域公共交通 （第２条１項）	地域住民の日常生活若しくは社会生活における移動又は観光旅客その他の当該地域を来訪する者の移動のための交通手段として利用される公共交通機関
公共交通事業者等 （第２条２項）	イ　鉄道事業者 ロ　軌道経営者 ハ　一般乗合旅客自動車運送事業者（バス）、一般乗用旅客自動車運送事業者（タクシー）、自家用有償旅客運送者 ニ　バスターミナル事業を営む者 ホ　国内一般旅客定期航路事業等を営む者 ヘ　鉄道施設又は海上運送法による輸送施設であって、公共交通機関を利用する旅客の乗降、待合いその他の用に供するものを設置し、又は管理するもの

1.2.1.　公共交通は純粋な営利事業か

地方の公共交通が赤字に陥っているという事実を「特殊」なことのように感じるならば、それは私たちが日本という世界標準からかけ離れた環境で生活しているからであろう。世界に目を向けると、公共交通の運用コストを運賃収入のみで賄うことは不可能かつ不合理であり、何らかの形で国や自治体が資金的な補助を行う、つまりは利用者以外に費用負担を求めるというのが実はスタンダードである。

板谷[1)]によれば、ドイツや米国ではガソリン税（鉱油税）による収入の一部を公共交通に用いている。これは自家用車だけですべての輸送需要を賄うことはできないため、不採算であっても公共交通を維持していくことが必要であるという考えによる。またフランスでは、「交通税」という制度があり、地域内の法人が公共交通の財源を負担している。企業や住民が地域の公共交通を維持していくために必要な費用を負担するという考え方は珍しくなく、米国の一部の都市圏では、地方消費税の一部を交通政策に充当している。

運営に公的な資金が投入されている以上、公共交通は純粋な営利事業というよりは、公共事業・福祉事業の色彩を帯びてくる。人が「移動」することの意義が生活の充実にあり、それを保障する目的で公的な資金を使うことに対する社会的なコンセンサスができていることが、こうした制度が支持されている背景にあるものと思われる。

1.2.2.　日本特有の「内部補助」の仕組み

世界では、公共交通を黒字経営することは非常に難しいと考えられているなか、日本においては、本州の JR 各社や大手私鉄などは、少なくともコロナ前までは安定した経営を継続してきた。これは、日本の都市部の人口密度が高く、鉄道の大量輸送というメリットをフルに活かすことができる地域特性と、沿線開発や不動産、商業、レジャーといった、運送事業とのシナジー効果が見込める分野での多角化経営により、収益手段を多様化させてきたからである。

都市部における交通渋滞の緩和や、周辺に広がった巨大な人口の移動ニーズに対応すべく、主要都市には使い勝手の良い公共交通ネットワークが整備されていったため、車がなくとも生活に不便がない環境が一般的になった。また、膨大な都市間の移動ニーズに対応すべく、新幹線に代表される高速鉄道ネットワークが次第に整備されていった。増加する都市人口を背景に、こうした都市部における公共交通や高速鉄道ネットワークの多くは黒字を稼ぎ出し、長きにわたり交通事業者の経営安定に寄与してきた。

一方で大手交通事業者は、経営の多角化による収益手段の多様化にも力を入れてきた。代表例を挙げれば、交通事業と親和性の高い不動産開発や観光開発である。郊外にはベッドタウンを、海沿いや山間部にはリゾート地を開発し、そこへ鉄道を通し都市部から誘客を図るという手法により、各社は開発に伴う収入に加え、その後の安定的な運賃収入を得ている。また人が集まる駅という好立地を活用し百貨店やショッピングセンターといった流通業を展開、郊外の沿線住民に、鉄道を利用し店舗で買い物をしてもらうという、相乗効果を狙った駅ビル開発も成功例が多い。

こうしたビジネスモデルを展開してきた本州の JR 各社や大手私鉄でも、経営するすべての路線が黒字を生み出している訳ではない。路線網が都市部にとどまる一部の私鉄を除くと、郊外または地方に閑散線区を抱え、都市部や高速鉄道で得た黒字で閑散線区の赤字を穴埋めすることにより、地方の交通ネットワークを維持してきたのである。この「採算性の高い路線から得られる利益を、不採算路線の運営により発生する欠損に充てる」ことを「内部補助」と言う。赤字の地域公共交通が存続してきたのは、「内部補助」による交通事業者の自主的な利益配分によるものである。そして、全路線の運賃を同一かつ一体的とするプール制によって、収益の大きい路線の乗客が払う運賃が、地方に広がる不採算の路線網を支えてきたとも言えるのである。

もっとも、内部補助モデルが機能したのは、規制緩和以前の需給調整規制により、交通事業者は地域において独占的な営業を認められたからである。免許制により他社の参入を困難なものとする見返りとして、当該交通事業者は、地域内での黒字路線だけでなく赤字路線の維持もワンセットで引き受けることを余儀なくされた。東海地方でいえば、JR 東海では東海道新幹線、名古屋鉄道では主要幹線である名古屋本線や犬山線といったごく限られた路線の黒字が、それ以外の赤字路線を支えてきた。

1.2.3. 自治体による財政支出

図表 1-7　市・特別区の類型ごとの支出額・割合

自治体類型（Q8 有効回答数）	集計方法	支出総額（百万円）	人口一人当たり(円)	支出割合
政令指定都市(11)	平均	4,883.15	2,968	0.68%
	中央	1,881.00	1,493	0.38%
中核市・特例市(58)	平均	456.85	1,446	0.35%
	中央	236.00	745	0.22%
特別区(11)	平均	287.68	668	0.17%
	中央	113.00	474	0.10%
一般市（10 万人以上)(78)	平均	171.48	1,158	0.29%
	中央	122.22	909	0.22%
一般市（5〜10 万人)(124)	平均	115.99	1,690	0.39%
	中央	86.15	1,191	0.29%
一般市（5 万人未満)(112)	平均	90.15	2,582	0.46%
	中央	71.00	1,871	0.35%

出所：　髙野裕作、谷口守（2018）都市自治体による公共交通政策に関連した財政支出に関する研究

本州の JR 各社や大手私鉄は、赤字を埋める黒字路線があっただけ恵まれている。人口密度が低く、都市部ほどの運賃収入が見込めない地方の中小鉄道会社やバス会社は、赤字を埋める原資に乏しい。バスについては、国や地方自治体の補助金や交付金で欠損をある程度埋めることで経営を維持しているが、鉄道にはそれを全国的に行う制度が存在しない。

図表 1-7 は、髙野・守口[2] による全国 814 の市・特別区を対象とした、公共交通に対する財政支出状況アンケートの結果である（うち 402 自治体が回答)。今回の提言のテーマは地方の公共交通であるため、比較的規模の小さい人口 10 万人未満の一般市の年間支出総額を見ると、

平均値で１億円前後、中央値で7〜8千万円程度であった。これは一般会計総額の0.3〜0.4%程度に相当し、人口ひとり当たり1千円〜2千円程度を負担していることになる。なお公共交通に対する財政支出とは、一般の鉄道、路面電車、モノレール、路線バス、デマンドバス、タクシー自家用有償運送、福祉交通などに対する補助金、委託費などを意味する。

次に同調査における、項目別、交通機関別の支出状況について、その項目において支出があった市・特別区の割合と、その平均金額を示したものが図表1-8である。これによれば、6割〜7割の市・特別区が、バスに対して経常的な費用（A運行事業費・委託費およびB運営補助費）を補助している。また、鉄・軌道に関しては、補助を実施している自治体の割合はバスに比べて低いものの（B運営補助費：14.7%、Cインフラ・機材整備費：24.1%)、その金額は各2億円超と、バスやタクシーに比べて補助額が大きくなる特徴がある。図表1-7で平均値と中央値に相応の乖離が生じたのは、支出額が大きくなりがちな鉄道への支出を行う少数の自治体の影響と考えられる。

また、経常的な費用に関して、支出が全く無かったと答えた市・特別区はわずか16である。つまり全国の96%の市・特別区は公共交通に対して何らかの補助を行っていた。

図表 1-8　項目別・交通機関別　支出自治体（市・特別区）の割合と支出額の平均

支出自治体(市・特別区)の割合

	鉄・軌道	バス	タクシー	その他
A運行事業費・委託費	1.5%	61.4%	18.4%	5.7%
B運営補助費	14.7%	69.7%	9.2%	6.5%
Cインフラ・機材整備費	24.1%	24.1%	0.7%	3.2%
D情報基盤整備・運用費	0.7%	9.0%	0.7%	2.0%
E利用促進補助	5.2%	8.2%	0.2%	4.0%
F政策的割引補助	3.0%	15.7%	15.4%	6.2%
Gその他	13.2%	23.6%	3.7%	24.1%

支出額の平均(百万円)

	鉄・軌道	バス	タクシー	その他	
A運行事業費・委託費	24.5	62.8	14.6	23.1	
B運営補助費	236.1	75.3	16.9	58.8	
Cインフラ・機材整備費	211.1	17.5	1.5	195.0	
D情報基盤整備・運用費	44.6	10.0	7.9	54.6	
E利用促進補助	3.4	10.0	15.0	9.4	
F政策的割引補助	44.3	80.3	47.8	1,297.3	※
Gその他	61.5	11.7	3.4	14.7	

※ 一部の自治体において、公営交通を対象とした割引制度を実施しており、その金額が最大で約15,000（百万円）と突出して高いため。

出所：髙野裕作、谷口守（2018）　都市自治体による公共交通政策に関連した財政支出に関する研究

本調査の対象は全国の市と区であり町村を含んでいないものの、相対的に人口規模が小さく人口密度が低い地域において、交通事業者が単独で黒字経営を維持するのは一層困難であると考えられることから、日本において自治体の財政支援なしで公共交通が運営できる地域は、非常に限られていると考えてよいだろう。

参考文献

1　板谷和也（2021）「モード・路線再編による再構築」『地域モビリティの再構築』　薫風社　p 69

2　髙野裕作、谷口守（2018）「都市自治体による公共交通政策に関連した財政支出に関する研究」『都市計画論文集』53 巻（2018）3 号

1.3. 地方の公共交通に影響を及ぼした法律・制度の見直し

日本では以前から、地域の公共交通を私企業たる交通事業者が担うケースが多かった。このため公共交通の将来像は、利益極大化（公営では収支均衡）を目指す当該企業の事業計画に大きく影響を受けてきた（公営の場合も地方公営企業が運営を担ったため採算性が求められた）。人口が増加し交通需要が増大する時代ならば、交通事業者、利用者ともにメリットのある方向性を打ち出すことができたが、特に2000年代に入ると、人口減少と少子高齢化に伴う公共交通の需要減少に対し、減便や路線廃止以外の有効な対策を見出すのは困難になってきた。

そこで国は2007年施行の地域公共交通活性化再生法により、地域公共交通に関するマスタープランとなる計画を市町村（2014年改正で都道府県を追加）が主体となって決めることができると定めた。そして2014年の同法改正では、まちづくりと連携し、面的な公共交通ネットワークを再構築するという視点を付加した。さらに2020年の同法改正では、地域公共交通計画の策定を自治体の努力義務とし、地域の輸送資源を総動員して移動ニーズに対応することを求めることとした。またこれと同時に、独占禁止法特例法を施行し、交通事業者間で運行サービスの調整を直接行うことを認める特例をつくった。以上によって、地域公共交通計画策定に際して、地域の実情に合ったさまざまな交通施策の自由度を高めることを目指した。

このように、従来は国と交通事業者任せであった地域における公共交通の在り方を、自治体が主体的に決めていくという流れが段階的に強められた。

図表 1-9　公共交通に関する法律

	2007年	2014年	2020年	2020年
法律	地域公共交通活性化再生法施行	地域公共交通活性化再生法改正	改正地域公共交通活性化再生法施行	独占禁止法特例法
計画	**地域公共交通総合連携計画**	**地域公共交通網形成計画**	**地域公共交通計画**	ー
趣旨	地域公共交通の活性化・再生	まちづくりと連携した地域公共交通ネットワークの形成	持続可能な旅客運送サービスの提供の確保に資する取組を推進	厳しい経営環境に置かれた乗合バス事業者に、独占禁止法の適用を除外する特例を設ける
特徴	市町村が協議会を開催、自治体が中心となり公共交通のあり方を検討していくことを明示	まちづくりを考える上での重要要素として交通網（ネットワーク）の在り方を計画に盛り込む	地域における輸送資源を総動員し、原則すべての自治体に取り組みを求める	同業者間での経営統合や共同経営（カルテル）を認める

十六総合研究所作成

1.3.1. 旅客運送事業の需給調整規制と規制緩和

前述のように、かつては、鉄道、バス、タクシー、旅客船、航空等の旅客運送分野において、需要と供給のバランスを検証し、参入・退出について一定の制限を行う「需給調整規制」が行われていた。これは、過当競争によるサービスの質の低下や安全性の低下の防止、及び地域における独占を認める代わりに、採算路線と不採算路線間のいわゆる「内部補助」を行わせることによる地域全体でのサービス確保を目的としたものであり、例えばバス事業の新規参入は国による免許制、退出は許可制であった。国は地域の交通の需要と供給の状態を見ながら、法律のもとに需給の調整を行っていた。

2000 年代に入り社会全体で規制緩和が進んだが、これはより豊かな経済社会を実現するために、社会全般における規制を緩和・撤廃し、または事前規制から事後監視・監督へと移行することを通じ、市場原理及び自己責任原則の導入を図ることを目的としていた。交通運輸分野では、需給調整規制が、交通事業者による創意工夫を凝らした適時適切なサービスの供給や、既存事業者における効率的な事業運営努力を阻害しているという懸念が指摘され、規制緩和の対象となった。

この結果、鉄道においては、2000 年に鉄道事業法が改正され、事業の参入は免許制から許可制になり、事業の廃止は許可制であったのが、事前に届け出をすれば原則として 1 年後に撤退できるようになった。乗合バス及びタクシー事業については、2002 年に改正道路運送法等が施行され、事業の参入については需給調整規制を前提とした免許制から許可制へ移行、バス路線廃止の場合も、バス事業者は 6 か月前に運輸局に届け出すれば自治体の同意なく廃止が可能となった。ただしセーフティネットとして、各都道府県が協議会を設け、廃止や補助金の必要性について申し出ることで、その対応を協議する仕組みもつくられたため、廃止届が直接国に提出されることはまれである。また運賃制度についても、従来はその設定・変更の際に、鉄道、バスともに国土交通大臣による審査・認可が必要であったが、鉄道は総括原価を前提とした上限認可制に、乗合バスもエリア単位での認可制から事業者単位での上限認可制（上限までの範囲で届出制）に変更され、事業者ごとに運賃を設定することが可能となった。

このような制度変更の過程において、交通事業者の創意工夫や、市場における自由競争を通じた事業活動の効率化・活性化により利用者の利便性は向上すると考えられていた。そしてその結果、交通需要が旺盛な区間では、例えば航空業界で LCC（格安航空会社）が路線網を広げ、高速バスに新規参入が増えるなど利用者の利便性はたしかに向上した。一方で人口減少が続く地域においては恩恵が小さく、公共交通の衰退が加速したという程ではないものの、鉄道・バスの赤字路線の減便、廃止などが引き続き発生している。

なお、乗合バス事業の規制緩和の検討においては、新規事業者が高収益を見込める特定の路線や時間帯に限り参入するクリームスキミング（いいとこどり）を容認するかが議論されたが、既存事業者の収益悪化が地域全体の路線網維持に悪影響を与えることが懸念されたため、事業計画変更認可や運行計画の届出と事業改善命令等の手続きの運用で適切に対応することとされた。

1.3.2. 2006 年 改正道路運送法 施行

規制緩和を機に、地域が自ら公共交通を維持していく必要性は高まっていく。その後押しを目的に、国土交通省は 2005 年、地域の関係者が議論する場として「地域交通会議」の枠組みを規定したものの、会議を設けるメリットが少なく、実際に設置された件数は少数にとどまった。

そこで 2006 年の改正道路運送法には、「地域公共交通会議」の設置や、乗合バス事業、および自家用自動車による有償運送事業の位置づけの変更が盛り込まれた。地域公共交通会議は、市区町村が主宰し、市区町村、住民代表、利用者代表、地方運輸局、交通事業者、運転者代表、道路管理者、警察が必須メンバーとなり、さらに都道府県や学識経験者などが参加する会議体であり、地域のニーズに即した乗合運送サービスの運行形態、水準、運賃などを協議するほか、地域の交通計画を策定することもできるため、自治体による主体的な公共交通活性化への取り組みが促進されることとなった。

1.3.3. 2007年 地域公共交通活性化再生法 施行

2007年に「地域公共交通活性化再生法」（地域公共交通の活性化及び再生に関する法律）が制定、施行された。前述の通り、地域公共交通の活性化・再生を目的に、市町村が主体となって、交通事業者をはじめ幅広い関係者の参加による協議会を設置し「地域公共交通総合連携計画（連携計画）」を作成、これに基づき取り組みを推進するという制度で、初めて「自治体」が中心となり地域公共交通全体の在り方を検討する仕組みが法定化された。

同法では、地域公共交通の活性化・再生は市町村が取り組むべき課題であり、国は市町村の取り組みを支援するという形を取った。協議会は、公共交通事業者、道路管理者、公安委員会、利用者などで構成されるのが一般的であり、協議の結果策定される連携計画のうち、重点的に取り組むべき「地域公共交通特定事業」に関しては、国による認定制度等を設け、認定を受けた事業に対して、特例（起債と許可の特例）による支援措置が講じられた。施行時には、軌道運送高度化事業（LRT）、道路運送高度化事業（BRT）、海上運送高度化事業、乗継円滑化事業、鉄道再生事業が規定され、さらに翌年には鉄道事業再構築事業が追加された。

1.3.4. 2014年 地域公共交通活性化再生法 改正

国は2014年に「地域公共交通活性化再生法」を改正した。本改正は、地域公共交通とまちづくりを連携させたことが特徴である。具体的には、①まちづくりと連携し、②面的な公共交通ネットワークを再構築するため、「地域公共交通網形成計画（網計画）」を新たな法定計画として規定しており、計画の作成主体として、市町村だけでなく都道府県を追加した。

図表 1-10　飛騨市の地域公共交通再編実施計画

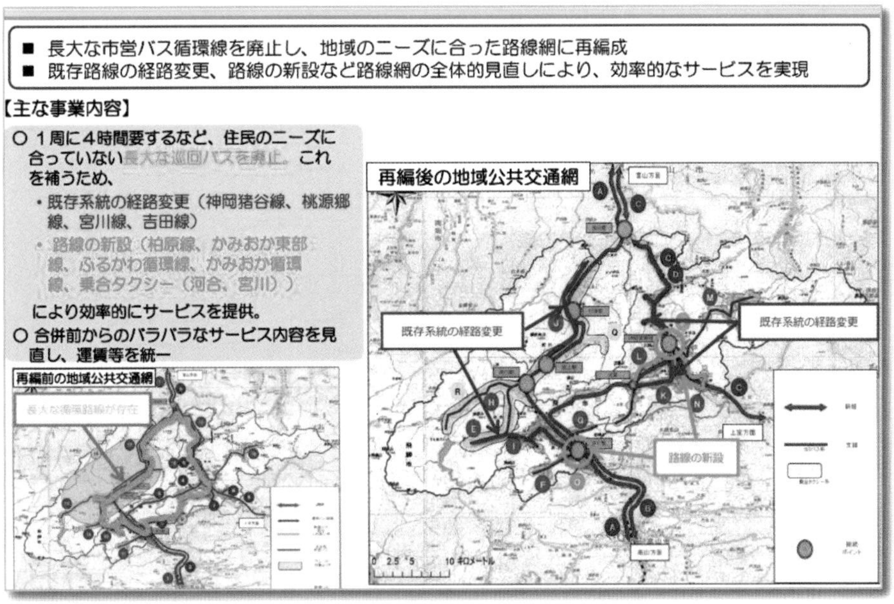

出所：　飛騨市の地域公共交通再編実施計画　国土交通省 HP

改正前の連携計画が、個別プロジェクト的なものであったのに対し、改正後は、まちづくりを考えるうえでの重要要素として交通網（ネットワーク）の在り方を議論し、駅、商業施設、病院・介護施設、学校・

子育て施設、住宅地などを機動的に結ぶことを計画に盛り込むよう促した。

また網計画に基づき策定した詳細計画である「地域公共交通再編実施計画」が国土交通大臣に認定された場合、地域公共交通特定事業のひとつとして国から財政支援や規制緩和が受けられる仕組みを導入した。この結果、2020 年 4 月末までに 592 の自治体が網計画を策定し、岐阜市や飛騨市など 38 の再編実施計画が認定された。

1.3.5. 2020 年 改正地域公共交通活性化再生法 施行

2020 年に、地域公共交通活性化再生法および関連法が大きく改正された。改正によって、地域交通に関するマスタープランとなる法定計画は「地域公共交通計画」に改められ、原則としてすべての地方公共団体が地域公共交通計画を策定することとし（努力義務）、交通事業者をはじめとする地域の関係者と協議しながら公共交通の改善や移動手段の確保に取り組む仕組みを拡充した。

図表 1-11　地域公共交通活性化再生法とは

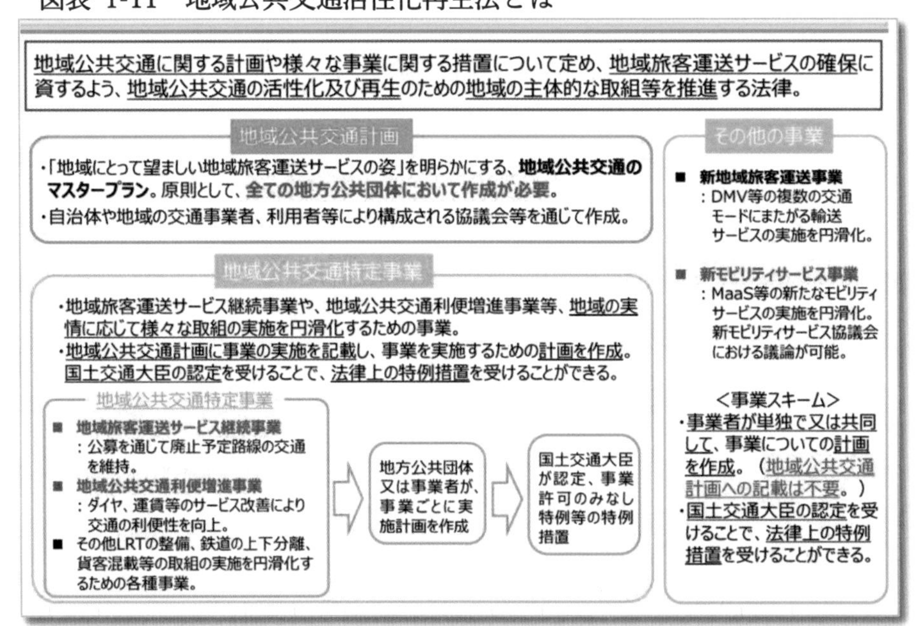

出所：　国土交通省　地域公共交通活性化再生法の制度と運用

特に過疎地など状況が厳しい地域では、「地域の輸送資源を総動員して移動ニーズに対応」するため、持続可能な旅客運送サービスの提供の確保に資する取り組みを推進することをねらった。そのため、バスやタクシーなどの交通事業者だけでなく、自家用有償旅客輸送、福祉輸送、スクールバスなど、地域で利用可能な輸送資源の活用を図り、計画にも位置づけることを奨励している。

また、地域公共交通特定事業として「地域旅客運送サービス継続事業」、「地域公共交通利便増進事業」等を創設し、地域における移動手段の確保や公共交通の充実を図ることとした。前者は既存事業者による路線バスなどの維持が困難な場合、公募により新たなサービス提供事業者を選定するものであり、後者は、地域公共交通ネットワークの再編成や、ダイヤ・運賃などの改善により、利便性の高い地域旅客運送サービスの提供を図るものである。これらは自治体が実施計画を国に提出し、国土交通大臣の認定を受けると、法律上の特例処置（事業許可等のみなし特例等）を受けることができる。

1.3.6. 2020年 独占禁止法特例法 施行

2020年には、地域公共交通活性化再生法改正と同時に「地域における一般乗合旅客自動車運送事業及び銀行業に係る基盤的なサービスの提供の維持を図るための私的独占の禁止及び公正取引の確保に関する法律の特例に関する法律」（独占禁止法特例法）が施行された。本法は、厳しい経営環境に置かれた地域バス事業者や地域銀行に、独占禁止法の適用を除外する特例を設けたもので、従来、独占禁止法により禁止されていた同業者間での経営統合や共同経営（カルテル）が認められるようになった。

図表 1-12　独占禁止法特例法により可能となる取組

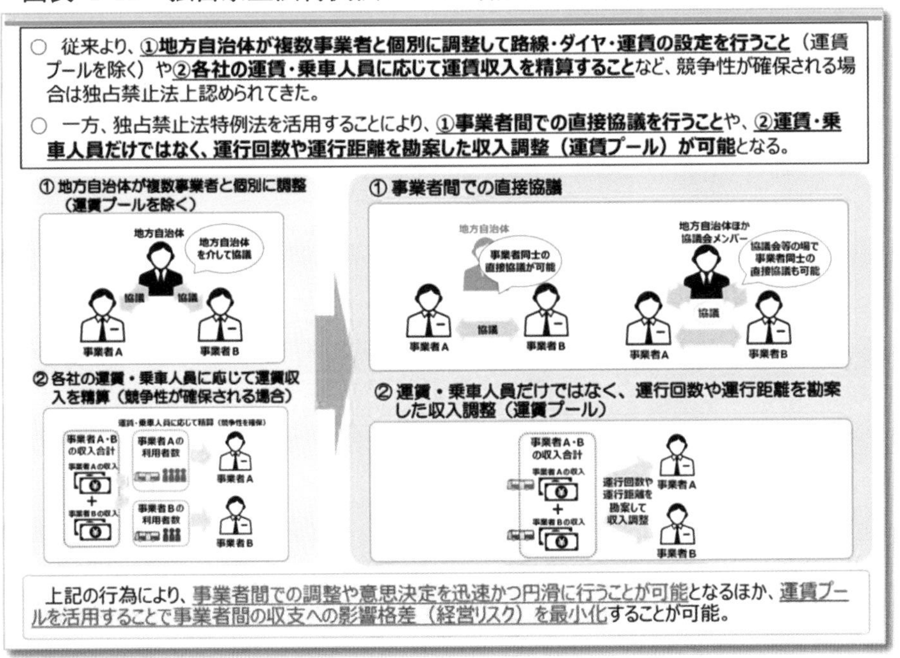

出所：　国土交通省　独占禁止法特例法の制度と運用

以前から、競争性が確保される場合は、（事業者間で直接交渉することはできないが）地方自治体が各事業者と個別に調整して路線・ダイヤ・運賃の設定を行うこと（運賃プールを除く）や、各事業者の運賃・乗車人員に応じて運賃収入を精算することなどは独占禁止法上認められてきたが、交渉が煩雑になる欠点がある。本特例法を活用することにより、事業者間で直接協議を行うことや、運賃・乗車人員だけではなく、運行回数や運行距離を勘案した収入調整（運賃プール）が可能となった。

これに伴い、①交通事業者をまたいだ定額乗り放題等の定額料金サービス、②共同・分担運行、③運行系統・回数・時刻の協調など設定の自由度が高まった。

図表 1-13　適用除外の対象になる共同経営によるサービス内容

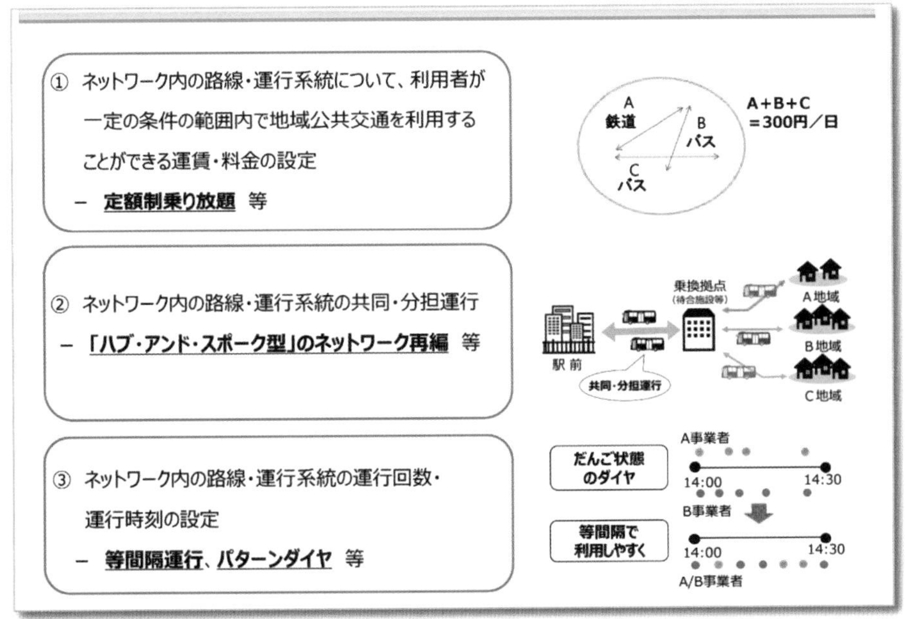

出所：　国土交通省　独占禁止法特例法の制度と運用

1.3.7. 直近の動向

2020 年以来のコロナ禍でバス・鉄道利用者が減少し、多くの交通事業者の経営は一層厳しさを増した。2022 年 4 月、JR 西日本が、利用者減少により維持が難しくなった路線の収支を初めて公表して以降、ローカル鉄道の存続に世間の関心が集まった。

一方で 6 月に、岸田内閣が閣議決定した「骨太の方針 2022」において、交通事業者と地域との共創等によって持続可能性と利便性の高い地域公共交通ネットワークへ再構築することについて、国が政策課題として法整備や実効性ある支援を行っていく姿勢が示された。

7 月には、国土交通省の「鉄道事業者と地域の協働による地域モビリティの刷新に関する検討会」が、利用者が非常に少ない線区について、国が特定線区再構築協議会（仮称）を設置し、地域の関係者が今後の方向性を協議する道筋をつけることを提言した。

8 月には、国土交通省の「アフターコロナに向けた地域交通の『リ・デザイン』有識者検討会」が、自動運転や MaaS などの「交通 DX」、車両の電動化や再エネ地産地消などの「交通 GX」、そして「3 つの共創（官と民、交通事業者間、他分野)」により、利便性・持続可能性・生産性が向上する形に地域交通を「リ・デザイン」し、地域のモビリティを確保するというコンセプトの下で、さらに議論を深化させていくことの必要性を提言した。

政府は 2023 年度予算案に地域公共交通の再構築を促進する各種施策を盛り込んだ。さらにローカル鉄道については、自治体と事業者などが存続や活性化に向けた検討を行う新たな協議会の枠組みの整備、鉄道・バス・タクシーなどを地域一体で運営する計画に複数年で運行経費を補助する制度の創設、鉄道の駅や線路設備の整備・バス路線の再編に対する支援に社会資本整備総合交付金を活用できるようにすることなどを盛り込んだ地域公共交通活性化再生法等改正案を、2023 年 2 月に国会に提出した。

参考文献

1 国土交通省自動車局旅客課 バス産業活性化対策室（2020）「乗合バス事業に係る近年の課題と対応について」『運輸と経済』 第 80 巻 第 11 号 ’20.11

2 酒井裕規（2021）「陸上旅客運送の規制改革と公的関与」『運輸と経済』 第 81 巻 第 8 号 ’21.8

3 国土交通白書（平成 14 年度）

4 加藤博和　福本雅之（2006）「市町村バス政策の方向性と地域公共交通会議の役割に関する一考察」『土木計画学研究・講演集』 2006

5 加藤博和　福本雅之（2013）「日本に地域公共交通計画は根づいたか？　－地域公共交通活性化・再生総合事業の成果と課題を踏まえて－」『土木計画学研究・講演集』 Vol.47　2013.6

第2章

地域の公共交通を支える交通手段

第2章　地域の公共交通を支える交通手段

本章では、地域の公共交通を支える交通手段を概観する。

2.1. 鉄道

1987 年の国鉄改革（分割民営化）では、JR 各社が、都市部路線等の収益による内部補助を通じて不採算路線を含めた鉄道ネットワークを維持していくことは、当時の経営環境を前提とすると可能と考えられていた。しかし現在、自家用車保有台数の増加（約 2,960 万台（1987 年）⇒ 約 6,192 万台（2020 年））、高速自動車国道の整備進展（3,910km（1987 年）⇒ 9,050km（2020 年））、高速乗合バスの運行系統の拡大（249 本（1985 年）⇒ 5,132 本（2018 年））などにより移動の鉄道離れが続き、人口減少による利用者減もあいまって、大量輸送機関としての鉄道の特性が十分に発揮できない状況に陥っている[1]。国鉄民営化当時、JR が引き受けない線区の条件として、輸送密度（1km 当たりの 1 日の平均利用者数）が 4,000 人未満という基準が設定され、大半の路線がバス転換や第三セクター運営となったが、2020 年時点でその条件に該当する路線の割合は、JR6 社営業キロ総延長の 57%を占める。

図表 2-1　JR 旅客 6 社における輸送密度ごとの路線の割合

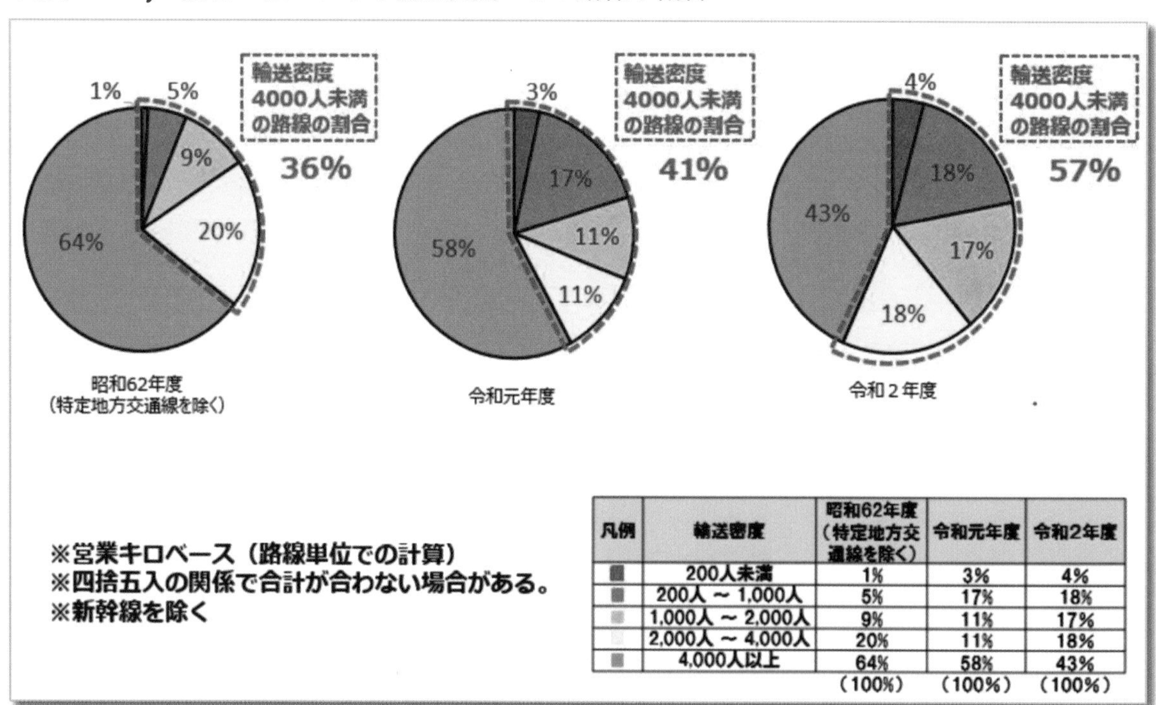

凡例	輸送密度	昭和62年度（特定地方交通線を除く）	令和元年度	令和2年度
■	200人未満	1%	3%	4%
■	200人 ～ 1,000人	5%	17%	18%
■	1,000人 ～ 2,000人	9%	11%	17%
□	2,000人 ～ 4,000人	20%	11%	18%
■	4,000人以上	64%	58%	43%
		（100%）	（100%）	（100%）

出所：　国土交通省　鉄道事業者と地域の協働による地域モビリティの刷新に関する検討会（2022）
地域の将来と利用者の視点に立ったローカル鉄道の在り方に関する提言（令和 4 年 7 月）[4]

経営難が話題となっている「ローカル鉄道」に決まった定義はない。海外では各駅に停車する列車のことを local train と呼ぶが、日本でローカル鉄道と言えば、主に地方部で見られる輸送人員が少ない鉄道のことを指す。ローカル鉄道は、以下のように分類できる。

図表 2-2　ローカル鉄道の類型

類　型	説　明
①JR の地方路線	1980 年の国鉄再建法により、国鉄の路線は「幹線系線区」と輸送密度が低い「地方交通線」に分類された。当時一定以上の輸送密度があったことから廃止（第三セクター化を含む）を免れた地方交通線も、その後の利用客減少により赤字化する路線が増え、JR の経営を圧迫するようになった。 ・JR 西日本は、利用者が少ない地方 17 路線（輸送密度が 2,000 人/日未満）の経営情報を公表、2021 年度までの 3 か年の平均収支は 247 億円の赤字となった。 ・JR 東日本も、地方 35 路線（輸送密度が 2,000 人/日未満）の経営情報を公表、全路線が赤字で、2021 年度の収支合計は 679 億円の赤字となった。
②大手私鉄の地方路線	大手私鉄でも、利用客の減少で赤字になり廃止された路線（バス転換を含む）は多い。路線単体では赤字だが内部補助により営業を続けている路線や、自治体の強い希望と財政支援を受け、運行が維持されている路線もある。 ・名鉄にしがま線（西尾線西尾～吉良吉田間と蒲郡線）は、愛知県西尾市と同蒲郡市が運行継続のため、年間 2 億 5,000 万円の財政支援を実施している。名古屋鉄道は全国 3 位の規模を誇る大手私鉄であるが、ここ数十年で利用者が減少した多くの路線を廃止している。
③地方中小私鉄（民間鉄道会社）	一般に、大手私鉄や準大手私鉄を除く民間鉄道会社を指す。概して財務基盤が弱く、大手私鉄の中古車両を譲受して走らせているケースが多い。また、大手私鉄の出資を受けている会社も少なくない。 ・近江鉄道（滋賀県）は、琵琶湖の東岸、彦根市・東近江市を中心とする湖東平野に、59.5km の路線網を有する中小私鉄である。 ・養老鉄道（岐阜県）は、上下分離方式（後述）による私鉄であり、養老鉄道が第二種鉄道事業者として路線の運行を、沿線 3 市 4 町の設立した(一社)養老線管理機構（沿線市町で設立）が第三種鉄道事業者として路線等の施設の保有・維持管理を担当している。
④第三セクター（旧国鉄転換型）	1980 年の国鉄再建法で、輸送密度 4,000 人/日未満等の条件に該当する全国 83 線区、3,157.2km は「特定地方交通線」として廃止対象となり、協議の上バス輸送か第三セクターなどによる鉄道輸送への転換を行うこととされた。結果、38 線区は自治体が中心となって、半官半民の第三セクターを新設しこれを引き継ぐこととなった。また当時中断されていた旧鉄道建設公団の工事が再開され、第三セクターに引き継がれた例もある。設立に際して支給された、路線キロ当たり 3,000 万円の転換交付金などを「経営安定化基金」としてプールし、その運用益で毎年の赤字を補填し収支バランスを保つ想定であったが、バブル期後のゼロ金利政策による運用益の減少や、毎年の赤字を補填するための基金の取り崩しで財務基盤の脆弱化が進み、自治体からの欠損補助に頼った事業運営を強いられるケースも少なくない。 ・岐阜県内では、樽見鉄道が 1984 年に国鉄樽見線を、明知鉄道が 1985 年に国鉄明知線を、長良川鉄道が 1986 年に国鉄越美南線を引き継いで第三セクターとして開業した。国鉄神岡線を引き継いだ神岡鉄道は 2006 年に廃止された。
⑤第三セクター（並行在来線型）	整備新幹線の開業に合わせて、これと並行する在来線（並行在来線）は経営分離され、沿線自治体が設立する第三セクターに引き継がれるケースが多い。並行在来線では、長距離輸送が新幹線に移ることで地域輸送の区間列車だけになってしまい、JR としては採算を取ることができないと判断されたためである。こちらは、④とは異なり、転換交付金等の支援策は存在しない。

出所： 国土交通省 HP [2]、田中輝美 [3]、大井 [8] を参考に十六総合研究所作成

このように、ローカル鉄道はその成り立ちや特性からして、もとより黒字経営が困難な環境を強いられている。国土交通省は図表 2-2 のうち③～⑤を「地域鉄道事業者」と定義している。地域鉄道事業者数は、

図表 2-3　地域鉄道の輸送人員の推移

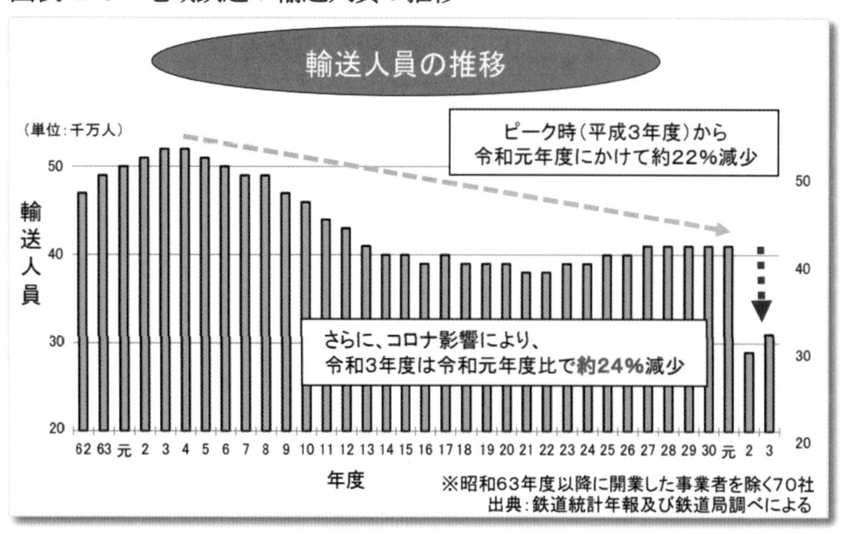

出所：　国土交通省 HP　地域鉄道の現状

2022 年 4 月時点で 95 社となっており、うち 91 社が鉄軌道業の経常収支ベースで赤字を計上している（2021 年度）[2]。輸送人員はピーク時の平成 3 年度（1991 年度）から令和元年度（2019 年度）にかけて 2 割以上減少、コロナ禍によりさらに大きく減少しており、ローカル鉄道の経営環境は一層悪化している。

地域の公共交通については、地域公共交通活性化再生法に基づく自治体が主宰する関係者による協議の制度が存在し、鉄道の検討にも当然活用できる。しかし、自治体はバス路線の維持に取り組んでも、鉄道、特に JR 各社の路線の維持については当事者意識が薄いと指摘されてきた。

2022 年 7 月、国土交通省の有識者会議は、輸送密度が 1,000 人/日を下回るなど、利用が極めて低調な鉄道路線については、既存のスキームに加え、新たに国の主体的な関与により、都道府県を含む沿線自治体、鉄道事業者等の関係者からなる協議会を設置し、「廃止ありき」「存続ありき」といった前提を置かずに協議していくことを提言した [4]。2023 年 2 月に国会に提出された地域公共交通活性化再生法改正案にも、この内容が盛り込まれている。

図表 2-4 は、岐阜県内の 4 つの地方鉄道（樽見鉄道、明知鉄道、長良川鉄道、養老鉄道）の損益状況と補助額の推移である（4 社合計）。令和 2 年度の営業収支比率（営業収益÷営業費用）は 65%と、全体で大幅な赤字となっている。これら地方鉄道には補助金が支給されており、令和 2 年度における、国、県、市町による安全確保に関する補助額の合計は約 8 億 8 千万円にのぼる。このように地方鉄道の経営は厳しく、維持のためには公的な補助が不可欠となっている [5]。

図表 2-4　岐阜県内　4 ローカル鉄道（樽見鉄道 明知鉄道 長良川鉄道 養老鉄道）の状況

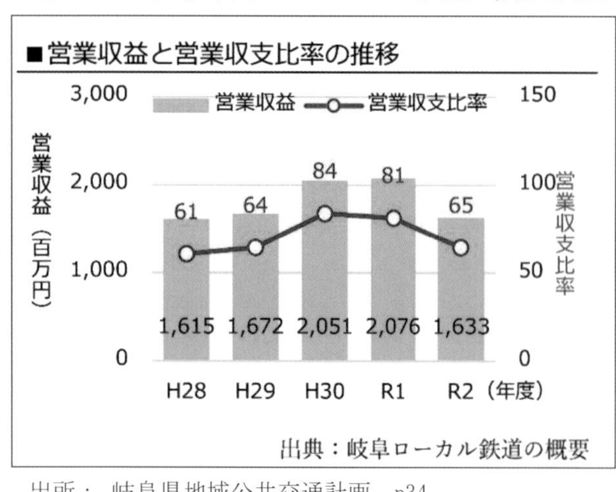

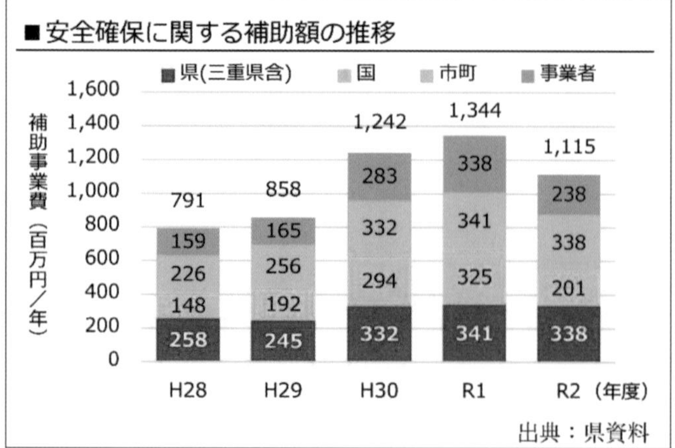

出所：　岐阜県地域公共交通計画　p34

列車の運行を担う主体と、鉄道インフラの保有および維持管理を担う主体を別の者とする仕組みのことを「(鉄道の) 上下分離」という。鉄道事業においては、線路や施設、車両などの維持・管理をにかかる経費が大きく、財務基盤が脆弱な中小鉄道事業者の経営の足かせとなっていた。上下分離は、インフラ部分を切り離し、第三セクター等が保有・維持管理することで安全性を確保する一方、民間企業は上部にあたる交通事業に専念することで、経営の効率化に取り組むことができるというメリットがある。

日本の鉄道は、伝統的に運行 (上) と施設保有 (下) を一体化した「上下一体」型で経営されてきたが、国鉄民営化を機に JR 貨物が上下分離方式 (JR 貨物は「上」) で発足したように、採用事例が増えつつある。線路建設を行う第三セクターに対して、公的補助制度を適用するという枠組みを利用した名古屋市営地下鉄の上飯田線 (2003 年開業) や、京阪電気鉄道の中之島線 (2008 年開業)、阪神電気鉄道のなんば線 (2009 年開業) のような例もある[6)]。

上下分離は近年、不採算に苦しむローカル鉄道の存続を図る手段としても活用されており、経営難に陥った鉄道のインフラ部分 (線路・施設・用地・車両など) のすべてまたは一部を沿線自治体等が取得して保有するケースが多く見られる。これとは別に、自治体がインフラに係る経費を補助 (税の免除) することを「みなし上下分離」と呼ぶ場合があるが、会計上は通常の補助と何ら変わらないため、会計を完全に分ける本来の意味での上下分離とは全く異なるものである。

図表 2-5　上下分離の類型

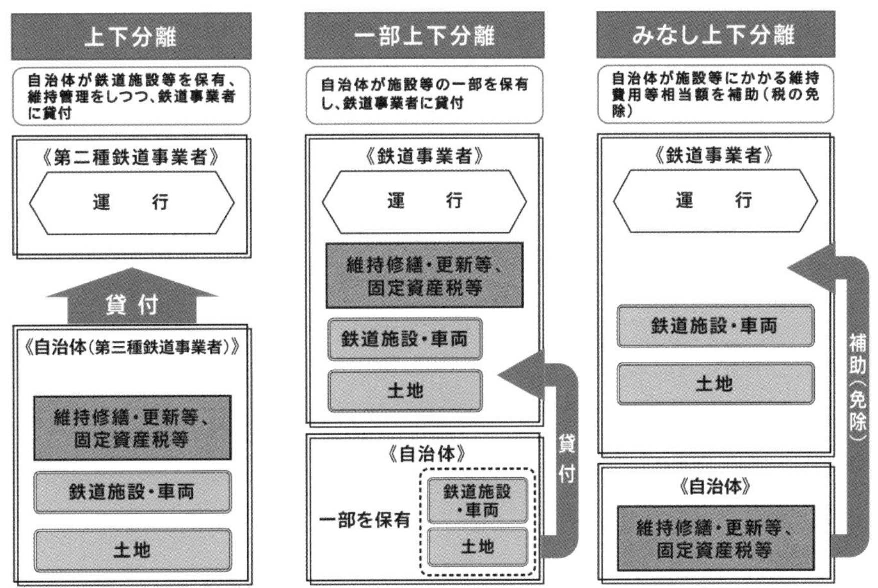

出所：　国土交通省　鉄道事業者と地域の協働による地域モビリティの刷新に関する検討会 (2022)
地域の将来と利用者の視点に立ったローカル鉄道の在り方に関する提言 (令和 4 年 7 月)[4)]

日本の国鉄改革の翌年 (1988 年) に、スウェーデンが上下分離による鉄道改革を成功させ、以降は EU が主導する形で欧州諸国においては上下分離の導入が進んだ[7)]。上下分離を導入した理由は、スウェーデンは輸送モード間の競争基盤の統一、EU は線路施設へのアクセスの容易化など日本とは異なったものであり、上下分離はさまざまな政策目的のために利用可能なツールとして機能している。前章で述べた通り、欧州では、鉄道網の維持に公的資金を投入するコンセンサスが確立しており、線路や駅といったインフラの保守点検や整備といった「下」のコストを行政が引き受けることにあまり抵抗がない。1990 年代以降、インドネシア、ベトナム、韓国などでも、上下分離による鉄道改革が行われている。

国土交通省は 2023 年度より、自治体が地域の鉄道に上下分離を導入する場合、設備の更新費用の一部を支援することなどを検討しており、上下分離は、鉄道存続のための有効な方法として今後も活用が期待されている。一方で上下分離は、鉄道事業者の負担軽減、経営改善が期待できるが、自治体の負担という面では、これまで上下まとめて出していた補助金が、「上の運営補助」+「下の所有維持費用負担」という形に代わるだけであり、鉄道が存続する以上、その維持に関する責任や負担を自治体が負うことを固定化する施策とも言える[8)]。

鉄道のメリット・デメリット

メリット	・優先走行の専用軌道を走行するため、大量・高速輸送に優位性を発揮し、定時運行しやすい。 ・利用が多い場合には、乗客ひとり当たりの温室効果ガス排出量が少ない。
デメリット	・系統設定の柔軟性は低く、乗降場所（駅）の設置・変更も容易ではない。 ・バスに比べ、固定費の負担が大きい。

評価項目

項目	評価	コメント
系統	×	・輸送範囲が軌道上に限られるため、一度軌道を設置すると変更は容易ではない。
ダイヤ	○	・専用軌道を走行するため、ダイヤは自由かつ柔軟に設定可能である。 ・定時・高速運行が可能である。 ・ただし、単線の場合は上下列車の行き違いなどのために、ダイヤに制約が生じる場合がある。 ・降雨・降雪などに比較的強い。ただし、災害などで軌道の周りの構造を損傷した場合は、長期間にわたり運行不能となる場合もある。
運行施設	×	・駅だけでなく、軌道（線路、枕木等）、信号機、踏切、整備場（日常の点検などを行う）などが必要。
車両	△	・鉄道車両の1両当たりの平均価格は約1億円程度と、バスに比べて高額である。気動車、あるいはディーゼルカーと呼ばれる内燃機関の一般的な鉄道車両は、1億2,000万円程度とやや割高になる。 ・鉄道車両の寿命は長く、製造後 40 年を経過した車両が現役で走行している例も珍しくない。経営体力に劣る中小私鉄では、中古の車両を導入することで、導入コストを抑えている例が多いが、メンテナンスや燃料費といったコストは割高となる。
運営コスト	×	・上記運行施設や車両の管理に多くのコストがかかる。 ・バスと比較すると、運転手（車掌）以外に、駅事務員、運行管理者（ポイント制御など)、保線作業員、車両の検車担当者など、多くのマンパワーを要する。
環境負荷	○	・ローカル線では、主にディーゼルエンジンを使用していることから温室効果ガスを多く排出するが、1両当たりの利用者数が多いと、ひとり当たりの環境負荷は一般に低くなる。

鉄道の廃止は地域の衰退を招くため反対という声を聞くが、全く逆に、地域の衰退に伴って、廃止の検討を余儀なくされるほど鉄道利用者が減少してしまったということも考えられる。実態として JR のローカル線は、人口減少をはるかに上回るペースで鉄道利用が減ってしまった地域が大半で、地域が鉄道を見放した状況である。その場合、代替バスで鉄道を上回る利便性を確保できれば、その方が地域にとってプラスになることも考えられる。「鉄道を残すこと」が目的なのではなく、「地域の足を確保し、地域の持続可能な発展を促進する」ことを目的とした建設的な協議を行い、真に地域のためになる公共交通の形を自治体主導で創り上げるべきである。

参考文献

1　国土交通省 HP　令和４年度第１回（第 20 回）交通政策審議会交通体系分科会地域公共交通部会　配布資料１
「鉄道事業者と地域の協働による地域モビリティの刷新に関する検討会について」

2　国土交通省 HP 「地域鉄道対策」

3　田中輝美（2016）『ローカル鉄道という希望』 河出書房新社

4　国土交通省　鉄道事業者と地域の協働による地域モビリティの刷新に関する検討会（2022）
「地域の将来と利用者の視点に立ったローカル鉄道の在り方に関する提言」

5　岐阜県地域公共交通計画　令和４年７月

6　一般社団法人 日本民営鉄道協会 HP

7　黒崎文雄（2017）「世界の鉄道改革の趨勢とその考察」『運輸と経済』 第 77 巻 第３号 '17.3

8　大井尚司（2021）「地域鉄道が「地域」「公共交通」たりうるには」『運輸と経済』 第 81 巻 第９号 '21.9

2.2. バス

バスは一度に大量の乗客を運ぶことを目的に道路上を走行するよう設計された乗り物である。特に地方においては、住民の移動を担う重要な役割を果たしており、用途別に見ると以下のように分類される。

用途による分類

用　途	説　明
乗合バス	道路運送法で、「一般乗合旅客自動車運送事業」に分類される。路線バスとも呼ばれ、需要に応じ、有償で不特定多数の旅客を運送する。一般的には路線を定めて定期に運行し、設定された運行系統の起終点及び停留所で乗客が乗り降りする運行形態を指すが、法令上は高速バスやオンデマンドバスも乗合バスに分類される。
貸切バス	道路運送法で、「一般貸切旅客自動車運送事業」に分類される。需要に応じ、有償で1個の契約により国土交通省令で定める乗車定員（11 人）以上の自動車を貸し切って旅客を運送する。乗合バスやタクシー以外の旅客自動車運送事業で、一般的には観光や冠婚葬祭などの際に利用される。
特定バス	道路運送法で、「特定旅客自動車運送事業」に分類される。特定の顧客の需要に応じ、特定範囲の旅客を特定の場所へ運送するバス事業で、顧客とバス事業者が直接かつ継続的に長期間の契約を結ぶ形態となるため、自家用バスによる送迎は含まれない。企業の従業員送迎バスやスクールバス、福祉輸送バス等に利用される。
自家用バス	商業的な旅客運送を目的としない、企業、学校、ホテル、レジャー施設、飲食店、官公庁、家庭などが所有する自家用のバス（白ナンバー）を指す。

サイズによる分類は、諸法令により異なる部分もあり、また用途によっても差異があるものの、乗合バスを例にとれば概ね以下の通りである。

サイズによる分類

サイズ	説　明
大型路線バス	長さ約 12m 程度、車幅約 2.3m～2.5m 程度、乗車定員は最大 80 名超とキャパシティーが大きく、都市部から山間部まで幅広く使われている。
中型路線バス	長さ約 9m～11m 程度、車幅 2.3m 程度とやや小振りで、狭い道や急カーブがあるルートなどで使われている。
小型バス	長さ約 7m～9m 程度、車幅 2.1m 程度、乗車定員は 30 名以上で小回りが利く。コミュニティバス（後述）には、日野のポンチョという小型バスを採用する例が多い。
マイクロバス	長さ 7m 以下、車幅 2.1m 程度、乗車定員は 11 名以上 29 名以下と、ミニバンを大きくしたような形状が特徴。

評価項目

項　目	評価	コメント
系統	○	・線路や駅に縛られないため、路線バスの場合は系統を、貸切バスの場合は出発地と到着地を自在に設定できる。 ・道幅の狭いエリアや急な坂のあるエリアにも対応でき、鉄道に比べ広い範囲をカバーできる。
ダイヤ	△	・ダイヤは自由に設定可能であるが、主に公道を走行するため、渋滞や道路工事など道路事情の影響を受けやすく、定時性の確保に課題がある。 ・降雪など、天候の影響を受けやすい。
運行施設	○	・バス停の標識や待合設備等を除けば、巨額な設備投資は必要ない。（都市部のバスセンター等は、公共施設として自治体が設置する例が多いため）

車両	○	・一般的な大型路線バスの導入コストは、1台2,500～3,000万円程度と、鉄道車両に比べて安い。
運営コスト	○	・鉄道に比べて低い。
環境負荷	○	・主にディーゼルエンジンを使用し、排気ガス（温室効果ガス）を排出するが、自家用車に比べれば定員が多いため、ひとり当たりの環境負荷は一般に低くなる。

2.2.1. 乗合バス

不特定多数の乗客がそれぞれ希望するバス停等において乗降し、運送の対価として各々から個別に運賃を収受する旅客運送サービスであり、通勤、通学、通院、買い物など、地域住民の日常生活や、都市間移動、観光客輸送などに幅広く利用されている。特に地方や山間部では、免許を持たない高校生や高齢者の大切な移動手段となっており、以下のような運行形態が存在する。

運行の形態による分類

運行の形態	主な種類	特　徴
路線定期運行	路線バス コミュニティバス 定期観光バス 高速乗合バス	運行計画（運行系統）を事前に届け出ることで、あらかじめ定められた運行時間、運行経路、停留所のもと旅客運送事業を行う。
路線不定期運行※1	コミュニティバス 乗合タクシー※2	定められた路線の中で、利用者の希望に応じた時間に運行する。
区域運行※1	乗合タクシー※2	一定の区域内で、利用者の希望に応じたルートで運行する。

※1　地域公共交通会議で協議が調うことが必要。

※2　タクシー車両（定員10名以下）を用いる乗合事業。許可にあたって地域公共交通会議で協議を調えることが必要な場合がある。

図表 2-6　乗合バス事業の現状

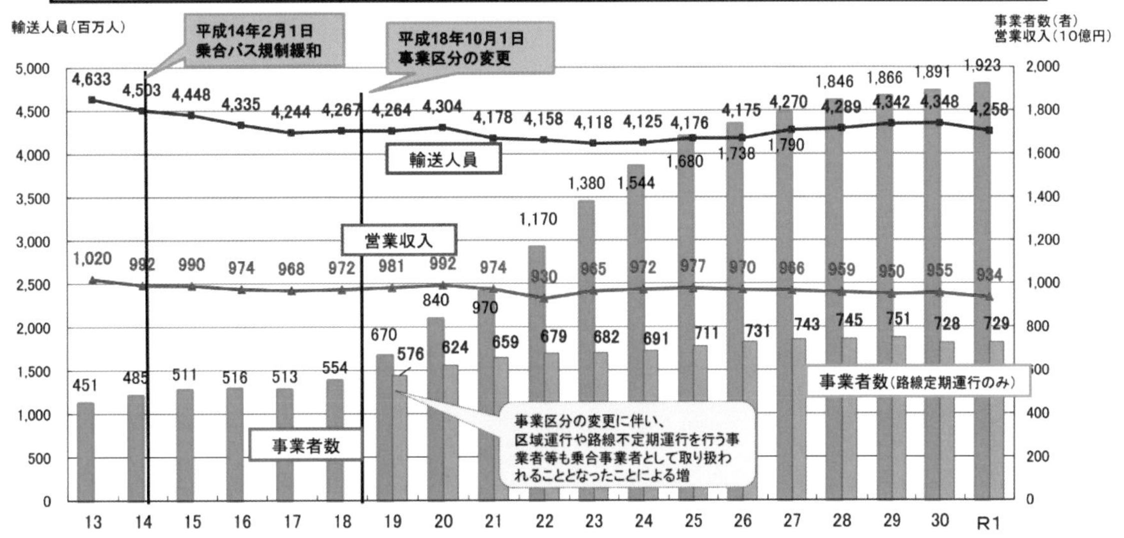

出所：　国土交通省HP　乗合バス事業の現状について

乗合バスの輸送人員は、昭和40年代の100億人台から年々減少傾向をたどっていたが、平成23年(2011年)を境に下げ止まり、増加傾向にあった。営業収入はバブル期以降減収傾向にあったが、平成22年(2010年)を境に下げ止まり、横ばいが続いていた。しかし令和2年(2020年)以降は、コロナ禍により輸送人員、営業収入ともに大幅な減少に見舞われている。

また、バス路線の廃止も全国で進行している。例えば岐阜県内においては、2016年度から2020年度までの5年間で、14路線が廃止された。廃止の原因は主に、運転手不足と利用者の減少である。岐阜県では、2020年度にバス運転手確保支援事業費補助金を創設し、乗合バス事業者が運転手を確保するため、従業員の大型第二種免許取得にかかる講習費用を負担する経費に対して支援しているが、運転手不足の問題は解消のめどが立たず、厳しい状況が続いている。

図表 2-7　岐阜県内の廃止路線数

年 度		路線数(路線バス)
H28	(2016)	1路線
H29	(2017)	4路線
H30	(2018)	4路線
H31・R1	(2019)	3路線
R2	(2020)	2路線

出典: 岐阜県協議会資料

出所：　岐阜県地域公共交通計画　p46

乗合バス事業は、2002年2月の改正道路運送法の施行により路線ごとの免許制から事業ごとの許可制となり、需給調整規制の廃止など規制緩和が行われた。そして2006年の同法改正により、コミュニティバスや乗合タクシー、市町村バスやNPO等によるボランティア有償運送など、地域のニーズに対応した運送サービスの提供を促進し、利用者の利便性向上を図る方向性が示された。また同時に、地域公共交通会議の仕組みが導入され、地域の交通需要に即した乗合運送サービスの形態について、自治体や交通事業者、地域住民など関係者で協議を行う体制が構築された[1)]。地域公共交通会議の権限は法的に明確化されたため、許認可や運賃決定面で、コミュニティバスとデマンド交通が運行しやすくなった[2)]。これらは、「21条バス」や「80条バス」といった例外処置的な方法で運用されていたが(コラム参照)、その位置づけは、地方分権的なものへと変化した。

このため「コミュニティバス」の運行形態は、市町村が主体となって乗合事業者に運行委託しているもの(4条許可)や、市町村が自ら有償運送を行っているもの(79条登録)、市町村が無償で運送を行っているものなどが併存することとなった。交通事業者によっては、自ら所有する車両や自治体から貸与された車両による路線バスの運行と、自治体からの委託に基づくコミュニティバスの運行の両方を行っているケースも珍しくない。

路線バスは、地域住民の生活に不可欠な移動サービスを提供するものであることから、当該系統が赤字により運行維持が困難な場合、運行費の一部について国や県、市町村から補助金が交付されることが多い。補助金については、国が一律の基準で支給するものに加えて、各都道府県、各市町村がそれぞれ独自の制度を設けて支給するものもあるため、地域によって差異が認められる。また同一バス会社であっても、そ

21条バス　80条バス

過疎地においては、以前から自治体を運行主体とした有償運行が行われていたが、これは、民間のバス事業者の撤退などにより交通空白地域が生じることを防ぐため、道路運送法第21条に基づき自治体などが貸切バス事業者に運行委託し、事業者所有の「緑ナンバー」車両を利用する「21条バス」や、道路運送法第80条の但し書き(公共の福祉の確保)を根拠とし、自治体が所有する「白ナンバー」車両を利用する「80条バス」といった形態をとっていた。しかし2006年の同法改正により、21条バスは第4条の「一般乗合」に、80条バスは同法第78条、第79条で新たに規定された「自家用有償旅客運送」(後述)に統合された。

の系統の性格により支給される補助金が異なるほか、バス停 A からバス停Bを経てバス停 C を結ぶ路線で、A～BとB～Cでは活用している補助金が異なる場合もある。

図表 2-8　国によるバス事業に対する補助金制度（地域間幹線系統の場合）

地域特性や実情に応じた最適な生活交通ネットワークを確保・維持するため、地域間交通ネットワークを形成する地域間幹線系統の運行について支援。

補助内容

○ 補助対象事業者
一般乗合旅客自動車運送事業者又は地域公共交通活性化再生法に基づく協議会

○ 補助対象経費
予測費用（補助対象経常費用見込額）から予測収益（経常収益見込額）を控除した額

予測費用
補助対象経費
予測収益
欠損

＜補助対象経費算定方法＞
予測費用
（事業者のキロ当たり経常費用見込額
×系統毎の実車走行キロ）
－
予測収益
（系統毎のキロ当たり経常収益見込額
×系統毎の実車走行キロ）

○ 補助率
1／2

○ 主な補助要件
都道府県等が定めた地域公共交通計画に位置付けられた系統であり（※1）、
・一般乗合旅客自動車運送事業者による運行であること
・複数市町村にまたがる系統であること（平成13年3月31日時点で判定）
・1日当たりの計画運行回数が3回以上のもの
・輸送量が15人～150人／日と見込まれること
※ 1日の運行回数3回（朝、昼、夕）以上であって、1回当たりの輸送量5人以上（乗用車では輸送できず、バス車両が必要と考えられる人数）
※ ①復興特会から移行する応急仮設住宅非経由系統のうち、　東日本大震災前に輸送量要件を満たし、補助対象期間に輸送量見込が要件を満たさない系統、②熊本地震前に輸送量要件を満たし、補助対象期間に輸送量見込が要件を満たさない系統については、輸送量要件を緩和（一定期間）
・経常赤字が見込まれること

※1：令和6年度までは経過措置により、令和2年度以前の生活交通確保維持改善計画等による申請も可能。

補助対象系統のイメージ

A町
B市
C村
バス停
駅
駅
地域をまたがる幹線バス交通ネットワーク
赤字バス系統（補助対象）
地域をまたがる幹線交通ネットワーク
黒字バス系統（補助対象外）

出所：　国土交通省 HP　地域公共交通確保維持事業

図表 2-8 は、国によるバス事業に対する補助制度の一例である。地域間幹線系統とは、複数市町村（平成 13 年 3 月末時点で判定）にまたがる赤字系統で、1 日当たりの輸送量が 15 人以上 150 人以下などの補助要件を満たした場合、予測費用から予測収益を差し引いた補助対象経費（欠損）の 1/2 が支給される。国や都道府県の補助金は、補助対象経費の範囲を限定しているうえに一定の上限が定められており、欠損を 100%補填する仕組みとはなっていない。このため、コミュニティバスのように市町村が欠損を全額負担するという契約を結んでいるケースを除けば、補助金で欠損全額を埋め合わせできないことが普通であり、バス事業者には残る赤字額を縮小する努力が求められる。

図表 2-9　岐阜県内のバス事業に対する岐阜県と国の補助金（一部）

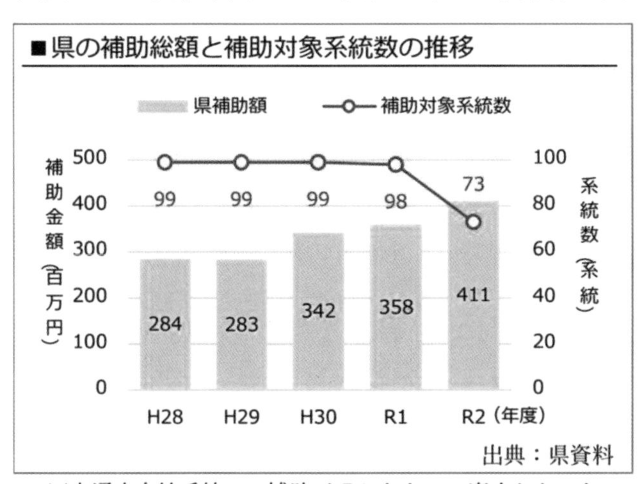

※交通空白地系統への補助が R1 をもって廃止となったため、補助対象系統数が減少している。

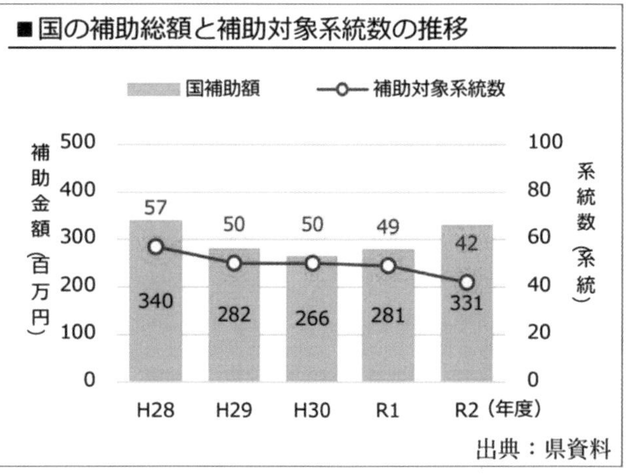

出所：　岐阜県地域公共交通計画　p44

現在、日本の地方都市では、バスが地域内公共交通網の多くの部分を担っており、各交通手段や系統の位置づけにより以下のような三層構造を形成している。一層目は①幹線であり、複数の市町村をまたがって運行されるような主要バス路線を指す。二層目は②支線であり、幹線を補完する支線の役割を果たす路線バスやコミュニティバスなどを指す。三層目は③ラストワンマイル交通網であり、コミュニティバス、乗合タクシー、デマンド交通、タクシーなどを指す。河合ら[3)]は、二層目（支線）が乗客の減少等による収益の悪化から路線バス等による運行を維持できなくなってきており、三層目（ラストワンマイル交通網）との境界線が曖昧（あいまい）になってきている点を指摘している。

図表 2-10　地域交通網の概念

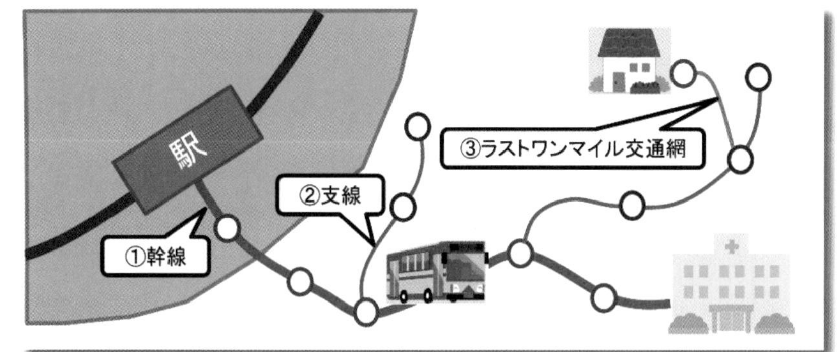

十六総合研究所作成

過疎化による人口減少や少子化による学生の減少により、公共交通を用いる移動ニーズは全体で見れば減少する方向にある。大型の路線バスを定時・定路線で走らせることは非効率とみられる路線が増える中、地域住民の利便性を確保しつつ、限られた予算、人的資源（運転手）を最も効率的に活かすことができるような公共交通ネットワークを再構築していく必要がある。

参考文献

1　国土交通省自動車局旅客課　バス産業活性化対策室（2020）「乗合バス事業に係る近年の課題と対応について」『運輸と経済』 第 80 巻 第 11 号 '20. 11

2　寺田一薫（2020）「規制緩和、分権下のバス事業において自治体の地域公共交通計画策定を促す意味」『運輸と経済』 第 80 巻 第 11 号 '20. 11

3　河合伸治、塩津ゆりか、迫一光（2020）「地方公共交通機関の現状と課題」『経済科学研究』 24 巻 1 号

公共交通利用促進のための連携

岐阜市の取り組みである「バスまちば」は、コンビニ店内にバス接近情報を表示するデジタルサイネージ等の設備を設置することで、バスの利用者が雨や風などの影響を受けることなく、店内のイートインスペース等で快適にバスを待つことができるサービスである。公共交通の利便性を高め、利用促進を図るため、岐阜市、岐阜バス、岐阜市総合交通協議会、大手コンビニ 2 社が連携し実施している。利用者、交通事業者、店舗（待ち時間の買い物による売上増加）のいずれにもメリットがあり、今後の利用者増加が期待される。

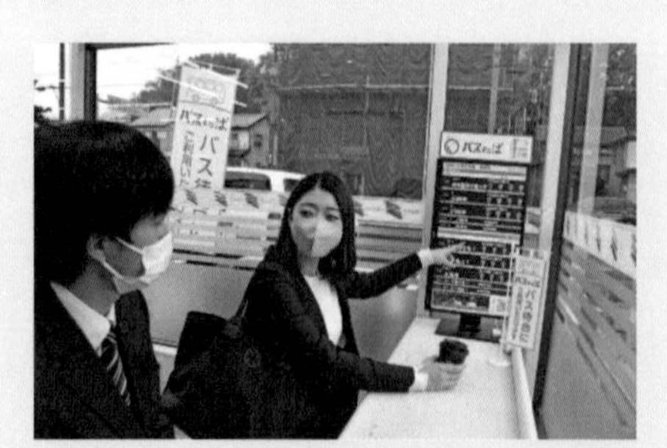

バス接近情報を表示するデジタルサイネージ
写真提供：　岐阜市

2.2.2. コミュニティバス

岐阜市のコミュニティバス　筆者撮影

今では多くの自治体において、「コミュニティバス」と呼ばれる中小型のバスを見ることができるが、日本におけるコミュニティバスの歴史は比較的浅い。コミュニティバスという言葉が考え出され、一般に広まるきっかけとなったのは 1995 年から武蔵野市が運用を開始したムーバスである。ミニバス、ワンコイン、短いバス停間隔、乗降便利な電動ステップ付といったユニークなサービスが評判となり、その後同様なコンセプトのバスが全国に広がった[1)]。コミュニティバスという言葉の正式な定義は存在しないが、「地方公共団体等が自ら主体的に運行を確保するバス」という解釈が広まっている。なお、国土交通省の「コミュニティバスの導入に関するガイドライン」[2)]には、以下のように説明されている。

「コミュニティバス」とは、交通空白地域・不便地域の解消等を図るため、市町村等※が主体的に計画し、以下の方法により運行するものをいう。
(1) 一般乗合旅客自動車運送事業者に委託して運送を行う乗合バス（乗車定員 11 人未満の車両を用いる「乗合タクシー」を含む。）
(2) 市町村自らが自家用有償旅客運送者の登録を受けて行う市町村運営有償運送

※ 市町村等とは、市町村、NPO、地域組織などを意味する。

一般の路線バスが事業者によって企画されるのに対し、コミュニティバスは市町村等の企画によるため、廃止された乗合バスの代替、交通空白地域の解消、巡回バスなどによる中心市街地活性化、病院や商業施設への交通利便確保といった、さまざまな交通政策の受け皿として活用されてきた。

近年は、公共交通空白地域・不便地域の解消を目的として導入される例が急増しているが、そのような系統で採算を取ることはほぼ不可能であり、運行経費と運賃収入の差額相当分を実質的に市町村が負担するケース、市町村が所有する車両を事業者に貸与し人件費等を市町村が負担するケースなど、運営経費が公的負担で賄われている事例が多い[4)]。また一部で、地域住民や企業等による協賛金、負担金が入るケースも見られる。

地域の移動を支えるバス

岐阜県郡上市は、岐阜県のほぼ中央に位置する山岳丘陵地帯にあり、平成の大合併時に 7 町村が合併してできた。このため 1,000 ㎢以上の広大な面積を誇るが、市域の大半は山林であり人口は 4 万人弱と人口密度は高くなく、過疎化が進むエリアも点在する。市民が安心して生活できる公共交通の構築に力を入れてきた同市は、公共交通空白地域が生じないよう、「郡上市自主運行バス」（道路運送法第 79 条に基づく交通空白地有償運送）を 6 地域 19 路線で走らせている（運行は地元の交通事業者に委託）。長良川鉄道の「郡上八幡駅」から人気観光地の宗祇水などを周回する循環バス「まめバス」も運行されており、地域の観光振興にも一役買っている。

観光客にも人気の「まめバス」
出所： 郡上市 HP

図表 2-11 は、岐阜県内におけるコミュニティバス※の運行状況である。県内 42 市町村のうち 38 市町村（約 90%）で運行されており、複数の手段を組み合わせて、市町村内の各エリアに最適な移動サービスを提供している自治体が多い。

※ 市町村から依頼を受けた NPO 等が道路運送法第 79 条の登録を受けて運行する交通空白地有償運送を含む。

※ この他に一部の市町村では、道路運送法の許可または登録を要しない運送として、無料バスが運行されている。

図表 2-11 岐阜県内におけるコミュニティバスの運行状況

■市町村別の自主運行バス等の導入状況（令和４年４月１日）

圏域	市町村	乗合		自家用有償	無料
		路線定期	路線不定期・区域	交通空白地	
岐阜	岐阜市	○	○		
	羽島市	○			
	各務原市	○	○		
	山県市	○		○	
	瑞穂市	○			
	本巣市				○
	岐南町		○		
	笠松町		○	○	
	北方町				
西濃	大垣市	○			
	海津市	○	○		
	養老町	○		○	
	垂井町	○		○	○
	関ケ原町	○			○
	神戸町				
	輪之内町	○	○		
	安八町			○	
	揖斐川町			○	
	大野町		○		
	池田町				○
中濃	関市	○	○		○
	美濃市	○	○		
	美濃加茂市	○			
	可児市	○	○		
	郡上市	○	○	○	
	坂祝町		○		○
	富加町				
	川辺町				○
	七宗町			○	
	八百津町	○		○	○
	白川町	○		○	
	東白川村	○			
	御嵩町	○	○		
東濃	多治見市	○	○		
	中津川市	○	○	○	
	瑞浪市	○	○		○
	恵那市	○	○	○	
	土岐市	○	○		
飛騨	高山市	○	○	○	○
	飛騨市	○	○	○	○
	下呂市	○	○		
	白川村				
	計	28	21	14	11

出典：県実施アンケート結果(R4.4)

出所： 岐阜県地域公共交通計画 p50

図表 2-12 は、愛知県内におけるコミュニティバスの運行状況である。コミュニティバスは県内 54 市町村のうち 51 市町村（約 94%）で運行されており、都市部では、市町村が主体となって乗合事業者に運行を委託する道路運送法第 4 条での運行が多い。一方山間部では、市町村が直営で有償運送を行う道路運送法第 79 条での運行が多い。また合併により都市部と山間部を抱える豊田市、新城市等では、道路運送法 4 条と 79 条による運行が併用されている。

運賃を 100 円としている市町村は、コミュニティバス運行市町村の 53%を占めている。また 42 市町村（全市町村の 78%）で高齢者に対する優遇措置事業を実施しており、その内容はコミュニティバスの回数券・無料乗車券、タクシーチケット、IC カードのチャージ券や交通安全啓発品の贈呈など多岐にわたる。

図表 2-12　愛知県内におけるコミュニティバスの運行状況

自主運行バス種別			その他		
市町村が主体となって乗合事業者に運行委託しているもの（道路運送法４条許可）（旧21条許可を含む）	市町村が自ら有償運送を行っているもの（道路運送法79条登録）（旧80条許可）	市町村が無償で運送を行っているもの（道路運送法適用外）	市町村が特定の施設への送迎目的で運行を行っているもの	乗合バス事業者の営業路線に対して市町村が補助しているもの	隣接市町村に乗り入れているもの
４１市町村	６市町村	１０市町村	２５市町村	２４市町村	３２市町村
コミュニティバス運行市町村数　５１（全５４市町村のうち９４％）					

※複数の運行形態を採用している市町村があるため市町村数の合計は一致しない。
※設楽町、東栄町、豊根村の3町村は、地域公共交通活性化再生法による法定協議会を共同で設置し、コミュニティバスを共同運行している。

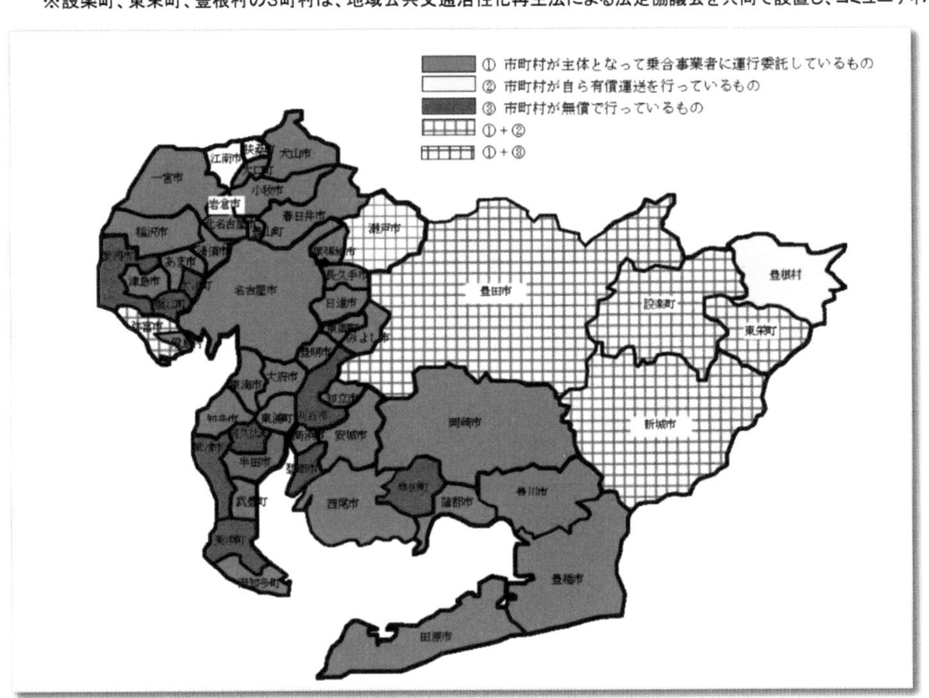

出所：　県内市町村における自主運行バス等の運行状況（令和４年５月現在）
　　　　愛知県都市・交通局交通対策課

図表 2-13　運行費用と運行収入の推移

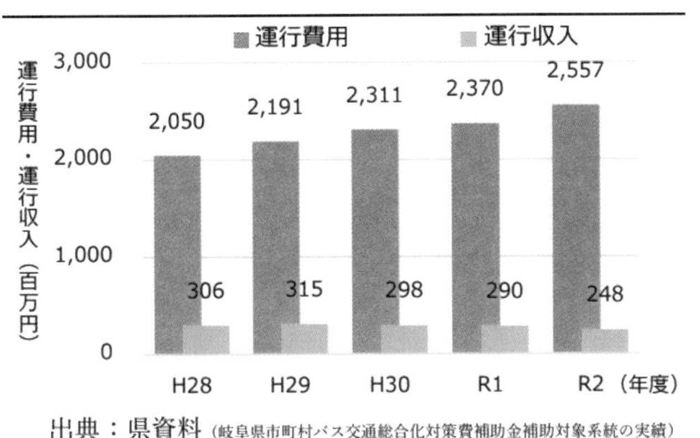

出所：　岐阜県地域公共交通計画　p56

コミュニティバスの多くは、交通空白地域の移動ニーズに応えるために運行されており、もとより運賃収入による採算の確保が全く不可能（そもそも採算確保を考えること自体が不適切）な事業である。例えば、岐阜県のコミュニティバスの収支率（運行費用に対する運行収入の比率）は10%台と低迷していたが、コロナ禍の2020年度には10%を割っており、欠損補填のための自治体の資金負担は非常に重いものとなっている。

住民やNPOが主体となって運営する住民主導のバスは、市町村主体ではないためコミュニティバスではないと解される場合もあるが、交通空白地域・不便地域の解消等を図るという目的から、コミュニティバスと考えてよいだろう。

写真提供： 生活バスよっかいち

「生活バスよっかいち」はNPO法人が事業主体となる日本初の路線バスサービスである[5) 6)]。三重県四日市市の羽津いかるが地区では、利用者減少のため路線バスが廃止されたものの、当時の四日市市は自治体運営バスの設定に消極的であった。そこで地域住民が主体となり、地域企業等の協力（パートナーシップ）を得つつ、地域自身が求める公共交通を自分たちの手で企画・運営するという画期的な取り組みを始めた。地域企業（スーパー、商店、病院等）による協賛金と運賃収入、四日市市からの補助金が運営を支えており、2002年の試験運行開始から20年を経過する今も、地域の足として親しまれている。現在は29人乗りバス1台を三重交通四日市営業所へ運行委託しており、運行状況は1日4往復、週5日、1乗車100円、1日平均利用者数は40〜60名となっている[6)]。

参考文献

1 樋口浩一（2021）「言説としての「コミュニティバス」の変容」『大和大学研究紀要』 第8巻　政治経済学部編 2022年3月 p43〜57

2 国土交通省 「コミュニティバスの導入に関するガイドライン」

3 竹内伝史（2001）「市民の足を守るバスサービスの計画と行政」『運輸と経済』 第61巻 第8号 '01.8

4 尾形孔輝、竹本拓治、米沢晋（2021）「コミュニティバスの受益者負担について　海外事例を踏まえた考察」『パーソナルファイナンス研究』 NO.8

5 加藤博和、高須賀大索、福本雅之（2009）「地域参画型公共交通サービス供給の成立可能性と持続可能性に関する実証分析」『土木学会論文集』D/65巻（2009）4号

6 生活バスよっかいちHP

2.2.3. スクールバス

徒歩や自転車による通学が可能な、比較的人口密度が高い地域では、スクールバスは「幼稚園や保育園に通う児童が通園するためのバス」という認識の方が多いのではないだろうか。主要道を行き交う路線バスを見ると、スクールバスの存在はあまり大きくないように感じられるが、地方、特に山間部では事情が異なり、スクールバスの存在が非常に大きい地域も少なくない。山あいの谷に町がひらけ、そこから山間部にかけて集落が点在するような地域では、住民の多くは自家用車を利用し、バスなどの公共交通の利用がそもそも盛んではない。一方、小中学生は、集落から何キロも離れた学校への通学にスクールバスの利用が必須であり、また移動需要は朝の登校時と夕方の下校時に集中する。区域が広い場合、とても1台のバスでは対応しきれず、複数のスクールバスが必要になるため、スクールバスの必要台数は必然的に多くなり、地区に配車される路線バスが1台に対し、10台のスクールバスが配車されるようなケースも存在する。

2020年の改正地域公共交通活性化再生法では、従来の公共交通サービスに加え、地域の多様な輸送資源（自家用有償旅客運送、福祉輸送、スクールバス等）を総動員して地域の移動ニーズに対応するという方

向性が示された。交通需要が減少し、運転手の確保が困難となるなか、スクールバスと路線バスを一体的に運用することで効率化を図るという取り組みはその象徴とも言えるだろう。自治体内で両者を管轄する部署が異なる場合や、両者の運行委託先が異なる場合など調整が必要であるが、限られた地域の資源を有効に利用するという観点からも、積極的に検討を進めていくべきと考える。

バスの安全対策

バスによる交通事故が発生すると、必ず検証されるのが運転手の体調である。バス業界では運転手の高齢化が進んでおり、年齢が上がるほど、心臓や脳の病気により運転手が運転中に気を失ったり、倒れたりするリスクは高まる。そこで国は安全確保のため、運転手に対する健康診断や適性診断の実施や、衝突被害軽減ブレーキ・ドライブレコーダーといった運転支援装置の普及に努めている。また、不測の事態を想定し、運転手による運転継続が困難となった場合、乗客がボタンを押すとバスが自動で減速し、左側の路肩に自動停車する安全システムを搭載したバス（写真）も登場している。

白鳥交通（岐阜県）の路線バス車内
筆者撮影

2.3. オンデマンド交通

オンデマンド交通とは、利用者の予約に応じて運行する乗合型の公共交通サービスである。バスのように、複数の乗客を一度に運ぶことができる効率性と、タクシーのように利用者の移動ニーズに細かく対応できる柔軟性を併せ持つ移動サービスであり、運行の自由度をどの程度許容するかを自由に決められるので、系統の固定度合いや利用する車両により、さまざまなバリエーションが存在する。

共通する特徴は、利用するたびに予約を取る必要があることであり、その結果、複数人で乗り合いが発生する可能性があるため到着時間が確約できない一方、タクシーよりは安価に利用できる。オンデマンド交通自体は1970年代から日本に存在したと言われ、当時は電話が主な予約手段であったが、近年は、webやスマートフォンの専用アプリ等による予約が増えてきている。国土交通省ではMaaSの普及に向けた基盤整備を推進する事業のひとつとして、AIによる効率的なオンデマンド交通の配車を進めている。

地方や観光地などにおける移動手段の提供、現存する公共交通の活性化、都市部の混雑解消といった目的で導入されるケースもあるが、近年は、地域の人口減少やバス利用者の減少により、路線バス（定時・定路線）を維持できなくなった結果、交通弱者対策として代わりに導入されるケースが多い。

路線バス、オンデマンド交通、タクシーの特徴

項　目	路線バス	オンデマンド交通	タクシー
系統	固定される	自由（固定する運用も可）	自由
乗降場所	固定される	自由（固定する運用も可）	自由
ダイヤ	固定される	自由（固定する運用も可）	自由
車両	大型バス	大型バス・中型バス・乗用車など	乗用車
利用形態	複数人で乗合	複数人で乗合	貸切
料金	安い	路線バスとタクシーの中間	高い

国土交通省の「デマンド型交通の手引き」では、オンデマンド交通をその運行方式から4パターンに分類している。

図表 2-14　運行方式による分類

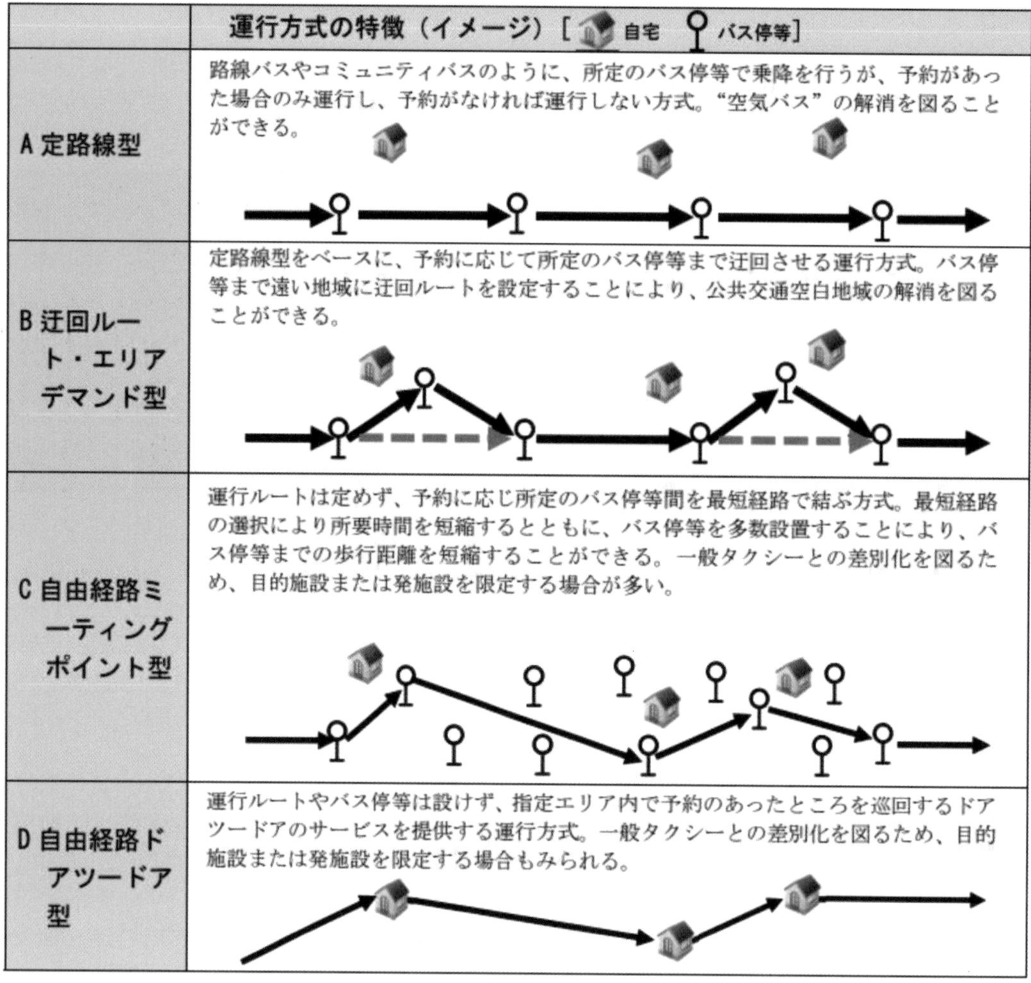

	運行方式の特徴（イメージ）［自宅　バス停等］
A 定路線型	路線バスやコミュニティバスのように、所定のバス停等で乗降を行うが、予約があった場合のみ運行し、予約がなければ運行しない方式。"空気バス"の解消を図ることができる。
B 迂回ルート・エリアデマンド型	定路線型をベースに、予約に応じて所定のバス停等まで迂回させる運行方式。バス停等まで遠い地域に迂回ルートを設定することにより、公共交通空白地域の解消を図ることができる。
C 自由経路ミーティングポイント型	運行ルートは定めず、予約に応じ所定のバス停等間を最短経路で結ぶ方式。最短経路の選択により所要時間を短縮するとともに、バス停等を多数設置することにより、バス停等までの歩行距離を短縮することができる。一般タクシーとの差別化を図るため、目的施設または発施設を限定する場合が多い。
D 自由経路ドアツードア型	運行ルートやバス停等は設けず、指定エリア内で予約のあったところを巡回するドアツードアのサービスを提供する運行方式。一般タクシーとの差別化を図るため、目的施設または発施設を限定する場合もみられる。

出所：　国土交通省　中部運輸局　デマンド型交通の手引き

運行方式別の特徴とメリット・デメリット

運行方式	運行の自由度	メリット	デメリット
A 定路線型	低 （バス寄り）	・予約がない場合は運行しないため経費節減になる。	・一般的な路線バスに比べ、予約の手間がかかる。
B 迂回ルート・エリア・デマンド型		・運行ルートから外れた地域に迂回ルートを設定することで、公共交通空白地域の解消を図ることができる。	・迂回ルートを利用する乗客が多いと、到着時間が遅くなる（定時性が確保できない）。
C 自由経路ミーティングポイント型		・利用者が少ない場合は、最短距離で移動が可能。 ・多くのバス停を設置可能。	・利用者が多いと、定時性が確保できない。 ・一般タクシーと競合する。
D 自由経路ドア・ツー・ドア型	高 （タクシー寄り）	・ドア・ツー・ドアの移動が可能。 ・タクシー並みのサービスを低料金で利用できる。	・利用者が多いと、定時性が確保できない。 ・利用者が少ないと、待機コストが発生するほか、オペレーターの人件費もかかる。 ・一般タクシーと競合する。

運行の自由度を高めた場合、路線バスはもとより一般のタクシーとも競合することとなり、交通事業者の経営を圧迫する要因となり得るため、導入にあたっては地元の交通事業者との調整が不可欠である。また、D 自由経路ドア・ツー・ドア型は、利用者はタクシーと遜色ないサービスを低価格で受けられることになるが、地元のタクシー会社などに自治体が運行委託している場合、本来のタクシー代金と利用者が支払った運賃の差額を自治体が補助している例も少なくない。この場合、特定の人に利用が偏ったり、補助金の額が多額になったりする問題が生じる場合には、利用の制限（例：利用は週に2回など）を行うといった対応も必要になる。

評価項目

項　目	A 定路線型	B 迂回ルート・エリア・デマンド型	C 自由経路ミーティングポイント型	D 自由経路ドア・ツー・ドア型
系統	△	○	◎	◎
ダイヤ	○	△	△	△
運営コスト	○	○	△	×

オンデマンド交通は、運行系統、乗降場所、ダイヤ、使用車両の組み合わせで、非常に多様な運行形態を選択できるメリットがあり、路線バス（定時・定路線）ではオーバースペックになってしまうような、特に移動需要が少ない地域で強みを発揮できる可能性が高い。一方で、ひとり当たりの輸送コストが高くなりがちなこと、予約しなければ乗れないという不便さ、乗合が生じた場合の定時性の確保、予約が入らないときがあることなど、一般の路線バスにはない問題も指摘されている。路線バスからオンデマンド交通への転換という視点で考えれば、運行経費の削減と利便性の両立はそれほど容易ではないため、専門家の指導の下、地域の交通需要を緻密に反映した制度設計を行うことと、運用開始後は PDCA サイクルを適切に回し、最適化の努力を続けていくことが必要である。

参考文献

1　国土交通省　「デマンド型交通の手引き」
2　公共交通トリセツ HP　「オンデマンド交通とはなんですか？」
3　鈴木文彦（2012）「地方におけるオンデマンド交通の可能性と課題」『オペレーションズ・リサーチ』　2012年3月号

2.4. タクシー

タクシーは、ドア・ツー・ドアの輸送サービスを 24 時間提供可能な、最も自家用車に近い公共交通機関である。その利便性・柔軟性の高さから、他の公共交通機関に比べ料金は割高であるが、住民の日常生活の移動からビジネスニーズ、観光まで活躍の幅は広い。鉄道やバスの存続が困難な地域では、公共交通としてのタクシーは特に重要な役割を果たしているが、近年、過疎化の進行による収益性の低下と、運転手の確保が困難になってきたことにより、タクシー事業が存続できない地域が増えていることも問題となっている。

タクシー事業は、1 個の契約により国土交通省令で定める乗車定員（11 人）未満の自動車を貸し切って旅客を運送する事業である「一般乗用旅客自動車運送事業」に分類され、これを行う際には国土交通大臣の許可が必要である。車両は一般の車両（白ナンバー）ではなく、年 1 回の車検を義務付けられるなど安全確保のための基準を満たした事業用車両（緑ナンバー）が用いられる。運転手になるためには、利用者から直接運賃を受け取って走らせるために必要な第二種運転免許を保有し、年齢、経歴、その他省令で定める一定の基準を満たす必要がある。他にも営業所ごとに運行管理者を選任し、適切な運行管理を行うことが義務付けられるなど、安全・安心のための厳密な法規制がある。

タクシー事業は、2002 年の道路運送法改正時に、参入規制が免許制から許可制に変更されたことにより競争が激化し、事業者の経営環境が悪化、運転手の賃金低下も問題視されたため、2009 年のタクシー適正化・活性化法により供給過剰に一定の歯止めをかけて状況の改善を図った。タクシーの輸送実績は、景気低迷による法人需要の落ち込み、自家用車の普及、運賃の割高感などから、長期的には低下傾向が続いている。

図表 2-15　タクシー事業の現状（法人事業者データ）

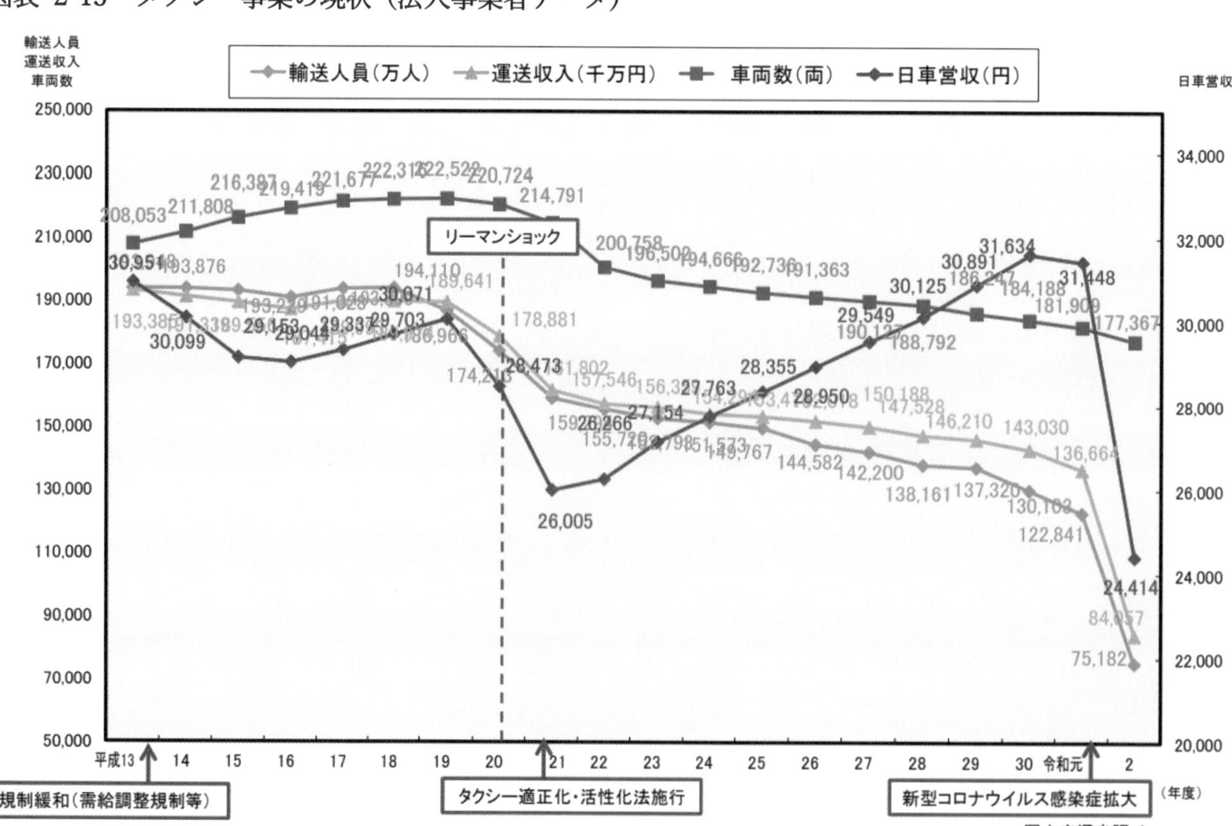

出所： 国土交通白書（2022 年度）

タクシー事業は、その経費に占める人件費の割合が大きく、運転手の賃金が歩合制になっているという特徴がある。運転手の男性比率は極めて高く、平均年齢も高い一方で、賃金水準は全産業平均を大きく下回る。図表 2-16 は、所属する運転手の多い法人タクシー（タクシー事業には法人と個人があり業界団体が分かれる）の運転手の年齢分布であるが、運転手が最も多い年齢は「70～74 歳」で、全体の約 2 割を占める。75 歳以上も 8.1%を占め、60 歳以上の合計は 63.6%と、非常に高齢化が進んでいる。この先 5 年から 10 年の間に、タクシー運転手の大量退職が見込まれる一方、44 歳以下の割合はわずか 8.2%であり、他業種からの転職がない限り運転手不足が一層深刻化することが懸念されている。

図表 2-16　法人タクシーの運転手数

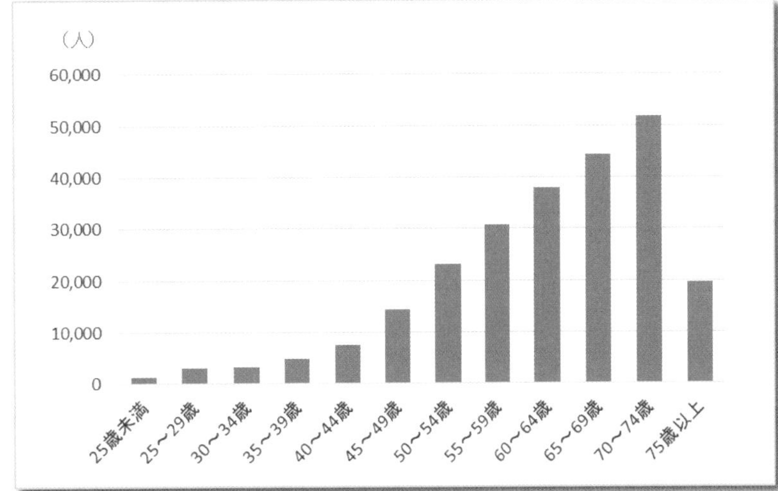

出所：　一般社団法人 全国ハイヤー・タクシー連合会　資料より
十六総合研究所作成

多くの自治体では、高齢者や運転免許を持たない交通弱者に対して、タクシー料金の一部を補助する制度を導入しており、利用者の負担を軽減することでタクシー利用を推進する政策が取られている [2)]。補助の仕組みとしては、補助券 1 枚当たりの補助額が固定されている方法、条件により補助額が変動する方法、料金の一定割合を補助する方法、決められた利用者負担額との差額を補助する方法などが見られるが、いずれにしても自治体の補助金がタクシー事業者の売上を支える構造となっている。

タクシーは、鉄道やバスが撤退した後、地域の交通弱者を支える「最後の砦」とも言われているが、実際にはバスより先になくなることも多い。長期的に見れば、利用者減や運転手不足といった不安要因も多く、収益源の多様化に取り組む事業者も少なくない。例えば東海 3 県においては、コミュニティバスや乗合タクシーの委託先の半分近くがタクシー会社となっており [3)]、その運行ノウハウや従業員、車両・設備が有効に利用されている。地域公共交通の維持という観点からも、タクシー事業者の役割は一層重要なものとなっている。

参考文献

1　国土交通省　「タクシー革新プラン 2016」
2　AINI Ayiguli、山中英生、加藤博和、尾野薫 (2022)「過疎地域における高齢者のモビリティ施策としてのタクシー補助制度に関する一考察」『環境共生』38 巻 (2022) 1 号
3　川端光昭、佐野可寸志 (2019)「地域公共交通網形成におけるタクシー事業者の参画と官民協働のあり方」『E-journal GEO』 14 巻 (2019) 1 号
4　森長達也 「地域の足としてのタクシー」『交通権』(2019)　35 号
5　週間エコノミスト　2022.11.1　「「定年」はなきに等しい高齢化するタクシー運転手」

2.5. LRT

LRT は Light Rail Transit の略で、軌道・電停改良や低床式車両導入による乗降の容易性、定時性、速達性、快適性などの面で優れた特徴を有する軌道系交通システムを意味する。日本では近代的な路面電車と解されることが多いが、LRT 導入の成功例として有名な富山地方鉄道富山港線（2020 年 2 月までは富山ライトレール）は、もとは鉄道線であった JR の設備を改良し一部を路上走行としたものである。近年、道路交通を補完し、人と環境に優しい公共交通として評価されている。

かつては市内交通の主力であった路面電車であるが、混雑した都市部では交通渋滞の元凶とされ、バスへの転換が進むなどしたため、国内に現存するものは少ない。一方でヨーロッパでは、都市がコンパクトであることもあって路面電車が多く存在するうえ、近年、環境性能の高さもあって LRT の評価が高く、LRT での移動を前提としたまちづくりを行う地域もあるなど、日本とは異なった状況にある。

宇都宮市などの例外を除けば国内での新設例はほとんど見られない。前述した富山市では、廃止が取りざたされていた JR の赤字ローカル線を LRT 化し、高頻度運転を行うことで乗客数を増やした。沿線人口が多く、サービス内容の改善で相応の旅客需要が期待できる都市ならば、LRT の導入や鉄軌道からの転換はひとつの選択肢であるが、導入や運用にかかる費用が大きく、ルートの柔軟性がバスに比べ低いため、人口減少により相応の輸送人員を確保できないような閑散地区では後述の BRT や路線バス化が有効な解決手段である。

富山地方鉄道 富山港線　　筆者撮影

2.6. BRT

BRT は Bus Rapid Transit の略で、直訳すれば「バス高速交通」を意味し、世界的には「路線バス車両が専用の道路・レーンを走行することで、定時性・高速性が確保された交通機関の一形態」を指す。日本では連節バスを導入して BRT と称する例が散見されるが、それだけで高速性（Rapid）が確保される訳ではないため、専用・優先レーンの設置などの高速化策が必要だろう。以前から都市部の渋滞の激化への対応策として、自家用車の乗り入れを一部時間帯について禁じたバスレーンを確保する試みがなされてきたが、物理的に乗り入れできないようにしている訳ではないため、効果は限定的である。近年の日本では、存続不可能となったローカル鉄道の代替として、廃線敷を活用しバス専用道を整備して運行する形態が、BRT と称して採用される例も見られる。

名古屋市中心部と郊外を結ぶ BRT
写真提供： 名古屋ガイドウェイバス株式会社

路線バスが専用の道路、もしくは時間を区切って他の車両が乗り入れできないようにした専用レーンを走行する BRT については、車両の特徴や道路の占有度により以下のようなバリエーションが考えられる。

BRTのバリエーションと特徴

ガイドウェイバス（案内輪付き車両・案内板(壁)付き専用道）

専用の車両を用いるため、導入にコストがかかることから国内では普及していない。2001年開業の名古屋市のガイドウェイバス（志段味線）は日本で唯一の例で、専用区間は補助輪をレールに沿わせて走るため、ハンドル操作が不要となるほか、道路を狭くできるため、建設費を削減できるメリットがある。最高速度は時速60km、約7kmの専用軌道を走った後は、補助輪を格納することで、一般のバスと同様に公道を走行する。2026年に専用車両の更新を迎えるものの、仕様が特注であったため部品の確保が困難であり、自動運転の導入が検討されている。同線は地下鉄では需要が過小な守山区志段味地区と都心を結んでおり、開業後の沿線人口の増加と地域の発展に寄与している。

専用区間用の補助輪を出した状態
写真提供： 名古屋ガイドウェイバス株式会社

一般車両・専用道

近年、「赤字ローカル鉄道のバス転換」の文脈で紹介されることが多い形態であり、廃止された鉄道路線跡を専用道に舗装するなどして、従来の鉄道並みの速達性、定時性を確保しやすいとされる。また、専用道は一般車両や歩行者の横断がない（あるいは少ない）ことから事故のリスクが低いため、自動運転技術や隊列走行技術を導入しやすいとされる。

2022年12月、JR東日本は気仙沼線の柳津～陸前横山間の4.8kmで、全国で初めてBRTの自動運転を開始した。東日本大震災で被災した線路の跡に専用道を整備し、道路に埋めた磁気マーカーをセンサーで検知しながら走る仕組みで、最高速度は時速60km。自動運転中もドライバーが乗務して安全管理を行うほか、強風時や濃霧時、積雪時などは手動運転を行うが、将来的には無人化も視野に入れている。

一般車両・併用車線（中央レーン）

1985年開業の名古屋市の基幹バス新出来町線は、道路の中央の1レーンをバス専用としている点がユニークである。走行するバスは一般的なものであるが、広い道路の中央にバス停が設置されることになるため、乗客の安全確保の点から、一見すると路面電車の電停にも見えるハイグレードなバス停が設置されている。専用レーンは色分けされているが、時間帯によっては一般車両が走行することもできる。市内の渋滞を尻目に、専用レーンを高速で走行できることから市民の利用も多く、市内移動の重要な足となっている。BRTのメリットを体現したような路線であるが、交差点では右折レーンの右側に、専用レーンが並ぶ構造となるなど、不慣れな一般ドライバーが当該区間を運転する際に戸惑う場合がある。

一般車両・併用車線（外側レーン）

複数レーンの最も歩道側を優先レーンとするもので、一般車両の干渉を完全に排除することは難しいが、比較的低コストでバス輸送の高速化を実現できる。優先レーンが外側になるため、左折する一般車両が多い場合や路上駐車がある場合、定時運転の妨げになる。岐阜市では1988年から市内にバス優先レーンを設置、2009年からはレーンのカラー化を実施して視認性を高め、市民や一般ドライバーの認知度の向上を図るなど、バス走行環境の改善によるBRTの導入を推進している。

岐阜市内のバス優先レーン
写真提供： 岐阜市

BRT のメリット・デメリット

メリット	・専用道を走ることから、鉄道に近い定時性、速達性を確保できる。 ・専用道と一般道を自在に行き来できることから、さまざまなルート設定が可能である。 ・道路は一般のアスファルト舗装で対応可能であり（バスは重いため、特に停留所の部分はコンクリート舗装が望ましい）、車両も一般的なバスを利用できるため、鉄道よりコストが少ない。 ・専用道では隊列走行を実現しやすく、技術開発が進めば、将来鉄道並みの輸送力を確保できる可能性がある。 ・他の車や歩行者が進入できない完全な専用道の場合は、自動運転技術の導入のハードルが下がる。名古屋市のガイドウェイバス（志段味線）は、専用区間が高架となっており、路上駐車や歩行者が飛び出すリスクがないため、自動運転化が検討されている。
デメリット	・専用道、専用車両を使用する場合は、導入・管理に相応のコストがかかる。 ・単線の鉄軌道を舗装するだけではバス 2 台のすれ違いが可能な道幅には満たないため、バス同士がすれ違うためには専用のスペースを設ける必要があり、ダイヤに制約が生じる（路線バスならばそのような制約が生じにくい）。

評価項目

項　目	評　価	コメント
系統	△	・BRT 専用の道路を設置するため、系統に制限がある。
ダイヤ	○	・定時運行の信頼性に欠けるバスの欠点を補うものであり、特に専用道を使用する場合は、鉄道並みの定時性・速達性を確保できる。
運行施設	△	・BRT 専用区間の設置の際、防護壁、専用バス停、場合によっては専用の信号機などの設備が必要。 ・乗降客が多い場合など、バス停もハイグレードなものにして、利便性・快適性を高める例が多い。 ・本格的な BRT では、BRT 専用の道路を設置する（鉄道の廃止に伴い線路跡を専用道とする場合もある）。 ・専用道の設置が（スペースの関係や利用頻度の関係で）困難な場合は、公道の一部車線を、時間によってバス専用レーン化し対応している地域もある。この場合、標識や案内のための看板等の設置、道路の塗装などを行う。 ・専用道と一般道との交差が問題であり、バスなどの公共車両が優先的に通行できるよう信号を制御する PTPS（公共車両優先システム）の導入が、進められている。
車両	○	・一般的な BRT ならばバスと同じ。
運営コスト	△	・BRT 専用区間の設置、管理に相応のコストがかかる。
環境負荷	○	・バスと同じ。

赤字ローカル鉄道廃止に伴う代替交通機関を検討する段階で、専用道型の BRT はひとつの選択肢となり得る。ただし、人口密度が低い地区においては、BRT のメリットを活かせない可能性があることから、採用には十分な検討が必要である。注意すべきポイントとして、以下の 3 点を挙げたい。

1 点目は、そもそも鉄道が廃止に至った理由が、鉄道路線やその駅の立地が住民のニーズを反映していないことによる乗客減の場合、鉄道の弱点を引きずる BRT より単純な路線バス化の方が利便性の向上に繋がる可能性がある点である。鉄路からやや離れた道路に沿って、病院やスーパーなどの生活施設ができてしまうと、従来の鉄道ルートに縛られる BRT より、住民ニーズに合ったルートや停留所を自在に設置できる路線バスの方が、地域住民が実際に利用してくれる交通機関となり得る可能性が高い。

2点目は、費用をかけて専用道を整備する意義である。並行する一般道の交通渋滞を回避する目的で専用道を設置するのならば、速達性、定時性といったメリットが期待できるが、並行する一般道がそれほど混雑していない人口が少ない地区の場合、あえてコストをかけて専用道を整備する意義を検証しなければならないだろう。

3点目は、アクセスのしやすさである。駅が高架や築堤の上に設けられている場合、BRT化しても、利用者は階段での利用を余儀なくされる。特に高齢化が進んだ地域では、階段の上り下りが必要なBRTより、直接歩道から乗車できる路線バスの方が歓迎される可能性がある。

鉄道が消滅することの精神的な空白を、鉄道を彷彿とさせるBRTで埋めるという感覚は十分に理解できるところであるが、住民が「便利になった」と感じない限りは持続可能な交通機関となることは難しい。限られた予算で地域住民の利便性を極大化するという視点からは、BRTありきの姿勢ではなく、例えば全線を路線バス化する、旧鉄道線を走行するメリットが大きい一部区間のみを専用道にするなど、BRTと一般的な路線バスのメリット・デメリットを地域のニーズに照らし合わせつつ十分に検証し、「鉄道の時代よりも便利になった」と実感できる交通機関を生み出す発想が必要である。

地方の赤字ローカル鉄道をバス転換できない理由のひとつに、輸送需要の繁閑の差を指摘するケースは少なくない。昼間や学休日の乗客はほとんどいないが、ラッシュ時は2両編成のディーゼルカーが高校生で満員になるようなケースである。朝夕に限れば、大量輸送が得意な鉄道のメリットが生きていると言えるものの、全体で見れば固定費が高い鉄道を維持していくには無駄が多すぎる状態と言える。200名〜300名もの高校生を輸送するためには、現在ならば4台以上のバスを同時間帯に走らせなければならないが、特に人口減少が進む過疎地において、大型バスの運転手を大量に確保することは今では非常に困難だ。

専用道を利用したBRTはこうした問題を一気に解決する可能性を秘める。JR西日本が開発を進める隊列走行の技術が実用化されれば、一人の運転手が運転するバスに3台のバスが追従できるようになる。連節バス4台ならば、一人の運転手が同時に500名の乗客を運ぶ鉄道並みの輸送力を確保できるという。

また、JR東日本が気仙沼線で実用化したような自動運転の技術が成熟し、運転手なしでの運転が可能となった場合、ラッシュ時のみ10分間隔で自動運転バスを走らせるといった運用も視野に入ってくる。第4章で述べるが、一般道においては、プロドライバー並みの運転技術を自動運転技術が獲得するにはまだまだ越えなければならない壁がある。しかし、バスが走行する区間を専用道（一般の車両や人が立ち入りできない閉鎖空間）に限定するならば、自動運転BRTは、既に地方の公共交通再編における有望な選択肢のひとつにまで育ったと言えるだろう。

参考文献

1　加藤博和（2021）「地域公共交通の現場で何が求められているのか？」『地域モビリティの再構築』 薫風社
2　日経ビジネス電子版（2022.9.27）「鉄道の岐路(2)」
3　日本経済新聞（2022.9.28）「ガイドウエーバス進化期」
4　東洋経済ONLINE（2020.6.30）「BRTは赤字・被災鉄道よりも大都市にふさわしい」
5　ヴァンソン藤井由美（2021）「フランスは、どのように導入都市交通手段を選択してきたか？」『運輸と経済』第81巻 第11号 '21.11

2.7. 連節バス

連節バス「清流ライナー」　出所：岐阜バス HP

連節バスは、2両の車体を幌（ほろ）でつなぐことで前後車両間の行き来を可能にした大型のバスである。通常の大型バスの約2倍の輸送力を誇り、効率的かつ大量輸送を実現できる。導入例は国内でも増えてきており、朝夕のラッシュ時における混雑緩和が見られるなど、利用者からも概ね高い評価が得られているとともに、バス事業者においても運行回数の集約化が図られるなど一定の評価が得られている。

連節バスが国内で初めて運行されたのは、科学万博「つくば 85」開催時にボルボ製の車両 100 台が導入された 1985 年に遡るが、その後も国内メーカーでは生産されなかったため、輸入の手続きが煩雑であったこと、バス事業者が経験したことのない「保安基準緩和」や「並行輸入自動車の申請」が必要であったことなどから広く普及するには至らなかった。国土交通省は 2014 年、「連節バス導入ガイドライン」を公表し、連節バスの導入促進を図った。岐阜市では、「清流ライナー」として 2011 年にメルセデス・ベンツ社製の連節バスが 2 台導入され（のちに 2 台を追加）、車両の高度化による利便性・快適性の向上や、停車バス停を限定して運行することで定時性・速達性の高いサービスを実現している。また 2020 年、日野自動車といすゞ自動車が共同開発した大型路線連節バスが横浜市に納入され、輸入車に加え国産車という選択肢が増えた。

基幹バス路線の高機能化という点では、連節バスは BRT の導入と同様に混雑解消、定時運用、高速運用に有効であるが、地方においては、むしろ運転手不足への対応が最大のメリットになると思われる。ラッシュ時と昼間の閑散時の輸送需要に差がある場合などは、朝の短時間のラッシュアワーに大量のバスと運転手が必要となるが、連節バスの導入は、ピーク時に必要となるバスの台数や運転手の数を減らすことを可能とするからである。

特徴

メリット	・運転手不足対策となる。 ・全長は 18m 前後（2 連節）、乗車定員は 130 名程度と一般の路線バスの 70 名程度を大きく上回り、大量輸送が可能である。 ・新しい公共交通システムの広告塔になり、住民に視覚的に訴求することで利用者を増やす効果が期待される。 ・交通網再編にあたり、幹線区間の大量輸送を担う受け皿となり得る。
デメリット	・連節バスに合わせたバス停の改良（バス停の延長、連節バスのドアの位置に合わせた安全柵の位置変更等）が必要になる場合がある。 ・車庫の改良や、メンテナンス機器の見直しが必要。 ・1台の導入コストは、一般の大型バスの 2 ～ 3 倍程度と高価である。

連節バスは、赤字ローカル鉄道を路線バス化しようとしても、ラッシュ時の輸送力がバスでは不足するために鉄道を存続させざるを得ない地域にとってはひとつの解決策となり得るが、全長が長いためターミナルでの転回やバックが困難であること、バス停の改良が必要となること、車庫の改良や、メンテナンス機器の見直しが必要となることなどから、採用できる路線は自ずと限られる。車体価格も高価（8～9千万円程度）であり、導入のハードルは低くはない。

参考文献

1　内田晃（2018）「連節バスの運行状況と北九州市における導入可能性に関する研究」『地域戦略研究所紀要』第3号 北九州市立大学地域戦略研究所

2　文春オンライン（2018.10.22）「日本中で“2倍長い”「連節バス」が増えている2つの「裏事情」」

3　国土交通省自動車局（2014.3）「連節バス導入ガイドライン ver.1」

4　鎌田実（2021）「車両技術による再構築」『地域モビリティの再構築』 薫風社　p156

5　日野自動車HP

2.8. DMV（デュアル・モード・ビークル）

DMV（Dual Mode Vehicle）は、一般的なバスに鉄軌道用の案内輪を備え、線路上では列車として、道路上ではバスとして走行する、バスと鉄道の特徴を兼ね備えた乗り物である。そのような乗り物のコンセプトは以前からあり、欧米諸国やブラジルなどで採用例が見られるが、運用は比較的短期間で終了している例が多い。日本では、利用客が減少した路線の運用コスト削減を目指して JR 北海道が実用化に向けて開発を進め、2021 年 12 月、徳島県と高知県を地盤とする阿佐海岸鉄道株式会社によって実用化に至った。なお、2010 年に岐阜県の明知鉄道でも一般市民を乗せ DMV の実験走行が行われている。

鉄道とバスの「良いとこ取り」ができる乗り物のようにも思えるが、乗車定員は大型バスの半分以下と大量輸送には向かないほか、導入費も同じサイズの一般的なバスよりは高額であり、少数の乗客のために道路よりコストがかかる鉄軌道を維持しなければならないといった側面もあるなど、導入にあたっては、そのメリット・デメリットを正しく認識し、地域のニーズに真に合致するかを見極める必要がある。

阿佐海岸鉄道株式会社のDMV　写真提供：武藤健志氏

図表 2-17　DMV の構造

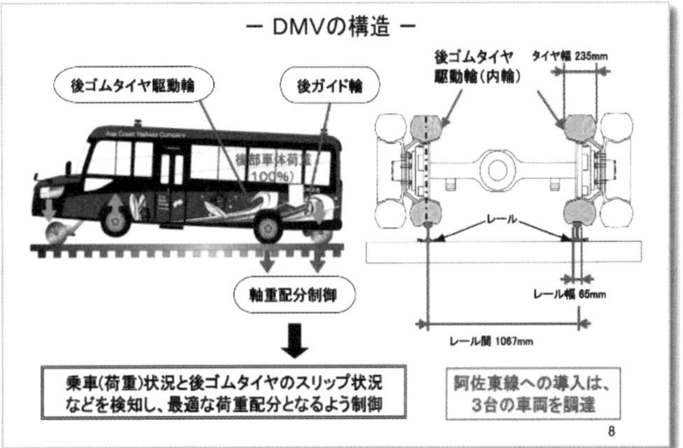

出所：国土交通省　デュアル・モード・ビークル（DMV）に関する技術評価検討会　資料

特徴とメリット・デメリット

特徴	・現在、阿佐海岸鉄道株式会社で使用されている車両（DMV93形）は、トヨタ自動車製のマイクロバス4代目コースターを改造したもので、定員22名（乗務員含む）、ゴム製のタイヤと鉄製の車輪を有しており、道路ではタイヤ、線路では鉄車輪を降ろして走行する。 ・バスモードと鉄道モードの転換は、「モードインターチェンジ」で行われる。車両価格は鉄道の気動車に比べれば安いため、過疎や財政難に悩む地方の鉄道に代わる公共交通手段として注目されている。
メリット	・鉄道としては専用軌道を走るため、定時性、速達性（最高時速60km）といった鉄道のメリットを享受できる。 ・案内輪を上げればバスそのものであり、運用の柔軟性といったバスのメリットを享受できる。 ・鉄道～バスのモードチェンジにかかる時間は15秒程度であり、乗客も気付かないほどショックも少ないことから、一般的な交通機関の「乗り換え」に比べて乗客の負担が少ない。 ・車両が軽量なため、それを支える軌道のメンテナンスコストを下げることができる。
デメリット	・現在営業運転を行っている車両の定員は約20名であり、一般的な鉄道車両（約100名）や大型バス（約50～60名）に比べると少ないため大量輸送には向かない。 ・従来の鉄道車両と比べて軽量なため、車軸による軌道回路※の短絡が困難となる。よって、軌道回路による列車位置検知・閉そく制御・踏切制御に代わる運転保安システムが新たに必要となる。

※ 2本（左右）のレールを列車の車輪と車軸で電気的に短絡（ショート）することで車両の存在を検知する仕組み[6)]

評価項目

項　目	評　価	コメント
系統	△※	鉄軌道上ではルートが固定される。一方バス営業区間では、比較的自由にルートを設定できる。
ダイヤ	△※	鉄軌道上では、行き違いできないなどダイヤに制約がある。一方バス営業区間では、比較的自由にダイヤを設定できる。
運行施設	△※	鉄軌道上では、駅、軌道、保安設備など鉄道運行並みの費用がかかる。一方バス営業区間では、バス停の設置程度で費用負担は軽い。またバスモードと鉄道モード転換のためモードインターチェンジの設備が必要となる。
車両	△	一般的なバスに比べれば割高であるが、鉄道車両に比べれば安い。ただし、乗車定員は限られる。現在実用化されているものはマイクロバスの改造車であり、快適性では鉄道に一歩譲る。
運営コスト	○	全線を鉄道として運営することに比べれば、費用は低く抑えられる可能性が高い。ただし運転免許は、鉄道（甲種内燃車運転免許）、バス（中型自動車第二種運転免許）の両方が必要なほか、車両検査においても、鉄道（重要部検査や全般検査）、バス（車検）の両方を受ける必要がある。
環境負荷	○	CO_2排出量はバス同等。

※ 鉄道、バス両者のメリットを活かせる場合は◎

鉄道とバスの性格を併せ持つDMVの特性を最大限活かすには、鉄道が強みを発揮できる区間とバスが強みを発揮できる区間が存在し、かつその両者を直通することで、利用者の利便性が向上する環境であることが必要だろう。例えば、人口密度が高い町の中心部と、人口密度が低い山間部（過疎地域）を結ぶ鉄道路線は、DMV化に向く例と言える。

市街化したエリアの道路は渋滞の問題があり、専用軌道を走る鉄道の定時性、速達性のメリットが活きる。輸送密度が高い区間においては、まだ技術的な課題があるものの、DMV を連結運転することが可能となれば輸送力を確保できる可能性もある。一方、山間部（過疎地域）では一般に渋滞の問題は少なく、生活に必要な施設は幹線道路沿いに設置されている例が多いことから、鉄路から道路へのルート変更で生活利便性が向上することが期待できる。また、鉄軌道を維持するためには、トンネルや鉄橋、線路などの設備を維持するためのコストが経営の重荷となるが、バス路線化でこうした負担を低減することができる。

図表 2-18　DMV のメリット（BRT も同じ）

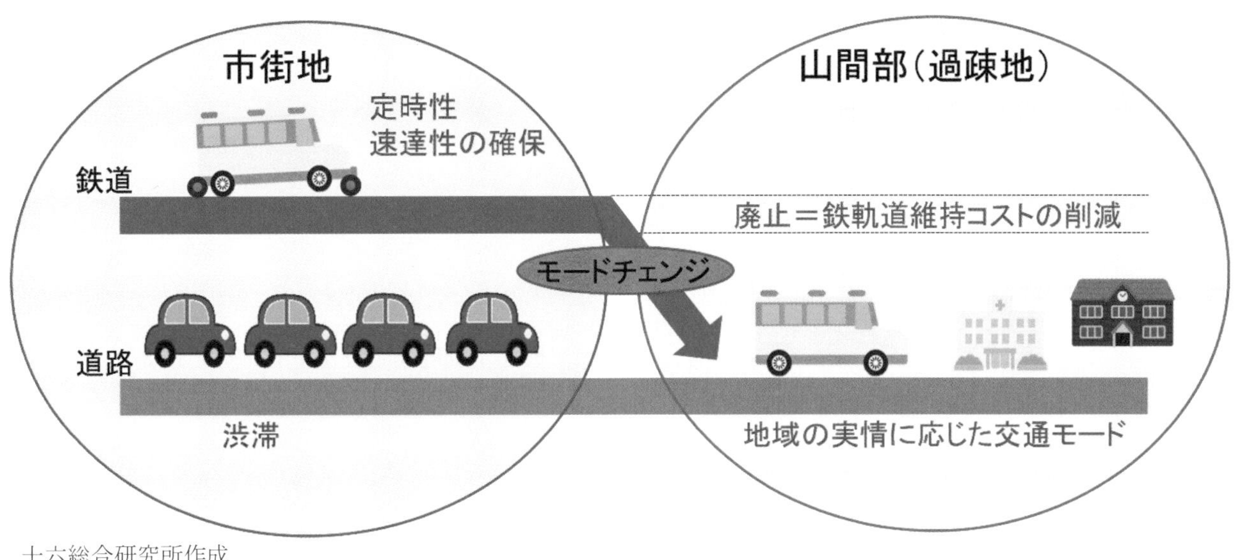

十六総合研究所作成

「新しい乗り物」として観光資源化するのも地域振興のひとつの手段であるが、DMV は輸送力が限られており、一時的に大勢の観光客が押し寄せることで地域住民の足としての役割が果たせなくなっては意味がない。混雑状況によっては、座席の予約制度を設けるなどの工夫が必要だろう。

阿佐海岸鉄道株式会社（本社：徳島県海部郡海陽町）は、DMV で阿佐東線および路線バスの運行を行う、第三セクターの鉄道・バス事業者である。2016 年、沿線自治体で構成される「阿佐東線 DMV 導入協議会」が観光振興による地域の活性化や阿佐海岸鉄道株式会社の経営改善を図るため、JR 牟岐線阿波海南駅から阿佐東線甲浦駅間で DMV の導入を目指す方針を発表、以後各種試験やコロナ禍などの紆余曲折を経て 2021 年に本格導入に至った。甲浦駅以南のバス路線は、以前から鉄軌道があった訳ではなく、室戸岬などの観光地への観光客輸送のために DMV を直通させたものである。

バスモード時の DMV　　写真提供：　武藤健志氏

大半の便は、北端の阿波海南文化村～道の駅宍喰温泉を往復し、鉄軌道区間はその中間部にあたる阿波海南駅から甲浦駅に相当するため、運行区間の両端で鉄道⇔バスのモード変更が行われる。また土日祝日には、1 往復ではあるが海の駅東洋町から「海の駅とろむ」まで延長運転を行い、室戸岬までの観光客を運んでいる（2023年2月現在）。

定員を超えると乗車することができないため、座席予約を兼ねたチケットを、web（発車オ～ライネット）または宍喰駅で事前購入できる仕組みとなっている。

図表 2-19　阿佐海岸鉄道の路線図と予約システム

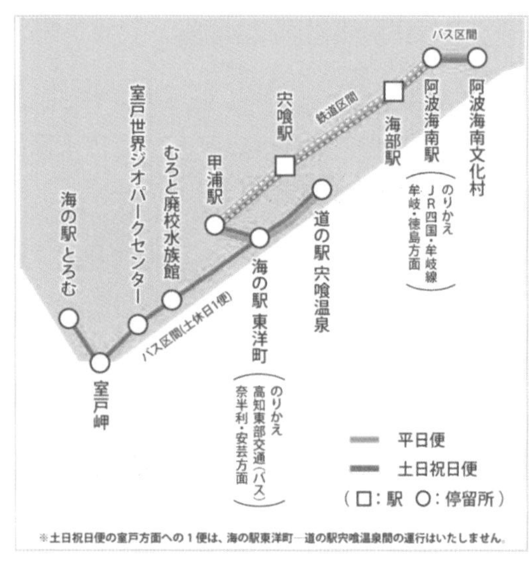

出所：　阿佐海岸鉄道株式会社 HP

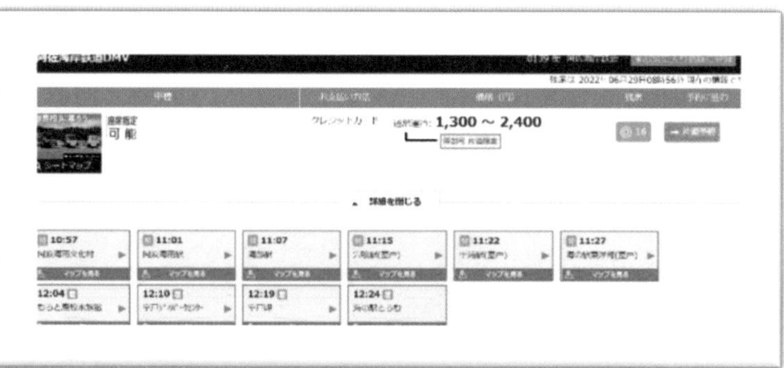

※ 利用者は座席予約を兼ねたチケットを、web（発車オ～ライネット）または宍喰駅で事前購入できる。

出所：　発車オ～ライネット HP

DMV導入前、鉄道区間は乗車定員100余名の気動車（ASA-101、ASA-301）が運行されていたが、同線の旅客需要の減少によりオーバースペックな状態になっていた。DMVの導入は、地域の実情に応じた交通機関の選択と、新たな旅客需要（室戸岬への観光客）を取り込むという点で、地域おこしに貢献する意欲的な取り組みであると言えるだろう。

参考文献

1　国土交通省　「デュアル・モード・ビークル（DMV）に関する技術評価検討会　資料」
2　大野寛之（2022）「レールの上をバスが行く!?　DMV（デュアルモードビークル）とは」『運輸と経済』第82巻第2号 '22.2
3　東洋経済ONLINE（2022.1.13）「線路と道路両用「DMV」、日本が"世界初"ではない」
4　日本経済新聞（2022.4.2）「阿佐海岸鉄道DMV　列車にバスに変身し発進」
5　Asahi.com（2010.3.20）「道路も線路もスイスイ　新型車両ＤＭＶ、岐阜で実験走行」
6　JRTT鉄道・運輸機構 HP

2.9. グリーンスローモビリティ

グリーンスローモビリティ（以下、「グリスロ」と言う）とは、「時速 20 km未満で公道を走ることができる電動車を活用した小さな移動サービス」と定義される交通手段である。鉄道やバスといった従来の公共交通は「はやく・時間通りに・遠くまで」の移動を支援するものであるが、グリスロは「ゆっくりと・余裕をもって・近くまで」の移動を支援するものと言える（国土交通省）。従来の鉄道、バスによる輸送サービスを補完する位置づけにあるが、地域住民のコミュニケーションツールとしての役割も期待されている。

図表 2-20　グリーンスローモビリティとして活用されている車両の例

自動車の種別		軽自動車	小型自動車	普通自動車	普通自動車
車両寸法（cm）	全長	311～315	396	441～500	475
	全幅	122～134	133	190～200	211
	全高	175～184	184	243～245	264
	ステップ高さ	25～30	26	27	23～24
性能等	登坂（度）	20	20	12～15	15（4駆の場合）
	乗車定員（人）	4	7	10～16	11～14
必要電源		AC100VまたはAC200V	AC200V	AC100VまたはAC200V	AC100VまたはAC200V

出所：　国土交通省　グリーンスローモビリティの導入と活用のための手引き

特徴

特徴	グリスロの特徴として、以下の３点が挙げられる。 ① Green･･･ 電動車を活用した環境に優しいエコな移動サービス ② Slow･･･ 景色を楽しむ、生活道路に向く、重大事故発生を抑制 ③ その他･･･ 同じ定員の車両と比べて小型、開放感がある、乗降しやすい
	・最高時速 20km 未満の車両は道路運送車両法の規制が一部緩和され、窓ガラスがなくても公道を走行することができ、シートベルトの装着も免除される。 ・電動車を活用するため、環境に優しいエコな乗り物である。再生可能エネルギーを充電に活用する場合、温暖化ガスの排出をゼロにできる。 ・車両が小型で小回りがきくため、鉄道やバスといった従来の公共交通ではカバーできなかった、短距離のきめ細かな移動サービスにも対応できる。 ・充電に必要となる電源は車両によって異なり、AC100V または AC200V で充電するため、家庭用コンセントがそのまま活用できる場合と、電気工事等が必要な場合がある。 ・車両は、カート型（軽自動車、小型自動車）、バス型（普通自動車）などがあり、運行のためには、一台一台新規検査を受けるとともに、一般的な自動車と同様に自動車税等の納付や定期的な車検・法定点検が必要である。 ・1 回の充電に約 5 時間～9 時間を要し 30km～100km 走行する。

メリットとデメリット

特性	メリット	デメリット
電動	・再生可能エネルギーが活用可能。 ・ガソリンが入手しにくい地域でも利用できる。 ・環境負荷が低く脱炭素に貢献できる。 ・走行音が静か。	・航続距離が限定されるため、ルートやダイヤの設定の際に留意する必要がある。
低速	・景色を楽しめるため、観光目的でも活用しやすい。 ・重大事故の発生が抑えられる。	・長距離の移動や交通量の多い幹線道路での活用には不向き。 ・他の自動車等（特に後続車両）への影響が大きく、道を譲るための退避スペースの整備等、他の交通に支障を来たさないようなコース設定が必要。
小型	・バスが通れないような道路、車同士のすれ違いが困難な道路などで活用でき、柔軟で効率的な輸送が可能。 ・社内・車外とのコミュニケーションが取りやすく、地域コミュニティの活性化や、来訪者と地域住民との交流に寄与する。 ・窓ガラスがなく、自然や風を楽しめ、乗ること自体が楽しい。 ・側面のドアがない車両については乗降しやすい。悪天候時は、透明なシートを下げることで雨、風、雪を避けることができる。	・小型軽量なため、他車に衝突された場合は重大事故に繋がる。安全性を確保できるコースやエリア選定が必須。 ・乗車定員が少ないため、需要が多い場合は高頻度の運行を行うなどの工夫が重要。 ・側面のドアがない車両については、夏の暑さや冬の寒さのため、快適性が劣る。

このようなグリスロの特性から、従来のバスや鉄道を代替するものというよりは、一部を代替しつつも、主に「補完する」あるいは「新しい価値を生み出す」乗り物と考えるべきであろう。グリスロの特性は、以下のような環境で活きると考える。

① 高齢者の近距離移動手段

グリスロは速度が遅いため、忙しい学生やビジネスマンの日常的な利用というよりは、時間にゆとりがある高齢者の、近距離を移動する際の交通手段としての利用が現実的である。加齢による身体能力の衰えは外出する意欲をそぎ、それが身体能力を一層低下させるという悪循環を招くことが指摘されており、グリスロをうまく活用すれば、免許を返納した後期高齢者の方々が、いつまでも地域で生き生きとした生活を送る一助となることが期待できる。

鎌田[2)]は、「有償運行とするのはハードルが高く、車両を自治体が用意し、NPOや自治会がボランティアドライバーを確保できれば、登録不要の無償輸送として実現するのが早道と考えられる」と述べている。

② 地域活性化

グリスロは、単なる移動に「楽しさ」の要素が加わった乗り物であり、そのような乗り物が走っていること自体が地域の魅力を高め、集客に貢献すれば地域の活性化に役立つ。例えば、市街地を定期的に周遊するような使い方をすれば中心市街地の活性化に繋がる。バス停を設置する商業施設などから出資や協賛金を募るなど、まちおこしの起爆剤にもなり得る。

③ 観光資源としての活用

低速で車窓からの景色を楽しめ、開放的で窓がないという特性は、「乗ること」自体の付加価値であると考えられるため、観光資源としての活用も有効だろう。若い観光客にはそれほど苦ではない、数キロ程度の町歩きも、高齢者には苦痛で車やバスに頼りがちである。すると「点と点」を結ぶ観光になってしまい、地域経済への波及効果が期待できない。グリスロをうまく活用すれば、乗りたいときに乗る、降りたいときに降りるといった使い方により、町全体に観光客のお金が落ちる効果が期待できる。1回100円といったように単独で課金してもよいが、定額で乗り放題とする、あるいはMaaSのコンテンツのひとつや、観光パッケージの一部として利用する方法も考えられる。

グリーンスローモビリティの
導入と活用のための手引き

グリスロ

令和3年5月
国土交通省 総合政策局 環境政策課

国土交通省　グリーンスローモビリティの導入と活用のための手引き

これら①～③は互いに排他的なものではなく、むしろ、ひとつの乗り物が、生活交通（①②）にも観光交通（③）にも利用できる点で、住民の生活の充実と観光地としての発展を同時に促進する、効率のよい乗り物と考えられる。

三重野[4)]によれば、2010年以降、このような低速電動車の公道走行は始まっていたが、国土交通省が各種法的整理を行い、予算措置も整えて、国策としてグリスロを推進しはじめた2018年度以降、急速に導入が進み、2021年には全国で40件以上にまで増加している。車両形状別では、バス型よりカート型の導入例の方がやや多い。また、利用目的別では、生活交通と観光交通での活用がほぼ半々となっているが、バス型は観光交通での活用の割合が高く、カート型は生活交通での活用の割合が高いようだ。

またグリスロは、その低速という特徴から自動運転化が比較的容易であり、運転手不足が深刻な地域で、住民の足を確保するための手段としても期待される。石川県輪島市では2016年11月より、電磁誘導線等を用いた自動運転による公道走行（レベル2相当）を開始した[5)]。また、福井県永平寺町では2021年3月より、遠隔監視・操作型の自動運行装置を備えたゴルフカート型の車両でレベル3運転を実施している。

参考文献

1　国土交通省　「グリーンスローモビリティの導入と活用のための手引き」
2　鎌田実　「グリーンスローモビリティ（グリスロ）のさらなる発展に向けて」　国土交通省HP（寄稿）
3　鎌田実（2021）「車両技術による再構築」『地域モビリティの再構築』　薫風社
4　三重野真代（2022）「グリーンスローモビリティ活用術」『運輸と経済』　第82巻 第2号 '22.2
5　加藤晋（2018）「ラストマイル自動走行の実証評価（石川県輪島市）」『建設機械施工』 Vol.70 No.8 August 2018

2.10. 交通空白地域を支える新しい交通手段

人口減少で交通需要が減少し、バス路線だけでなく、タクシー事業者までもが撤退してしまった公共交通空白地域(公共交通を全く利用することができない地域)が全国で増加している。本節で述べる内容は、「乗り物」の種類ではなく、その有効な利用方法に関するものである。地方の人々の移動を支える交通手段のひとつとして紹介したい。

まずは、日本では一般的でないライドシェアについて概観したのち、日本独自の枠組みである自家用有償旅客運送制度について解説する。また、これらは「相乗り」の要素を含んでいるが、住民が自家用車の「相乗り」を行うことは日本国内でも以前から行われており、その可能性についても焦点を当てる。

2.10.1. ライドシェア

ライドシェアは、海外では「他の乗客と車両をシェアするもの」「相乗り」のことを指すが、日本では一般に自家用車を使用する配車サービスのことと捉えられている。「相乗り」は日本ではあまり一般的ではないが、公共交通が脆弱で自家用車の利用が多い米国では古くから一般的に行われており、以下のような形態が存在する。

米国における相乗りの分類

相乗りの形態	特　徴
① カープール	出発地・目的地が同一の人々による通勤時における自家用車の相乗り。交通渋滞が深刻な米国都市部では主要な交通手段のひとつとなっている。カープールを推進するため、複数の人が乗車する車のみが走行できる HOV レーン（high-occupancy vehicle lane）と呼ばれる専用レーンを設置し、道路渋滞の緩和を図る地域も見られる。 ドライバーは、同乗者からガソリン代などの実費は受け取れるが、利益を得ることはできず、商用保険への加入も求められていない。
② カジュアルカープール	カープールの一種でスラッジングとも呼ばれる。一般のドライバーが通勤の途中で、道路沿いの乗り場に並んでいる人を同乗させる相乗りで、互いに面識がない者同士が同乗することになる。
③ バンプール	大型のバン（定員 7～15 名程度）を利用した相乗りで、費用は乗客で分担する。企業や行政の補助で費用が軽減されるケースもある。
④ TNC サービス	運営主体を TNC（Transportation Network Company）と定義し、TNC が運営するプラットフォーム上でドライバーと乗客を仲介、一般のドライバーが自分の所有する自動車を用いて有償で運送サービスを提供するもので、スマートフォンのアプリを利用して予約、決済、評価を行う。料金は地域ごとに決められており、乗車前に事前に料金を把握することもできる。2012 年に米国で開始された新しいサービスで、Uber が有名。

出所：　国土交通政策研究所 山上俊行 (2017) ライドシェアとは何か？『PRI Review』第 65 号[1] をもとに
十六総合研究所作成

日本でも、近所に住む高齢者同士が時間を合わせて 1 台の車で通院したり、車での通勤経路上にある高校へ近所の学生を同乗させてあげたりするなど、人と人との信頼をベースにした相乗りは、特に公共交通が脆弱な地方では見られるが、金銭のやり取りがあると違法であり、主要な輸送手段とまでは言えない。

一方、米国で盛んな相乗りは、日本における相乗りとは性格が異なり、制度や経済合理性に基づいて発展したものと考えられる。Uber に代表される④の TNC サービスは、相乗りというよりは、タクシーやハイヤーに近い性格のものと言え、日本でもこれを解禁するかが一時大いに議論されたが、「白タク」に分類され、一部の例外を除き事実上禁止されている状況にある。日本においてライドシェアが、専ら④TNC サービスの意味で使われるのは、①～③に相当するライドシェアの形態がほとんど存在しないからであると考えられる。

2.10.2. 自家用有償旅客運送

輸送事業による対応が困難な地域の交通需要に対応するために、「自家用有償旅客運送制度」が 2006 年に創設された（ただし、そのもととなる制度は 1970 年からあった）。自家用有償旅客運送は、地域の関係者による協議を経て道路運送法の「登録」を受け、必要な安全上の措置を取ったうえで、市町村や NPO 法人等が自家用車を用いて提供する運送サービスで、旅客から収受する対価は実費（ガソリン代や道路通行料など）の範囲内とされている。自家用有償旅客運送には、交通空白地有償運送と福祉有償運送の 2 種類があり、コミュニティバスの中には前者の制度を利用しているものも少なくない。以下にその概要を説明する。

自家用有償旅客運送の概要

特　徴	交通空白地有償運送制度	福祉有償運送制度
対応するニーズ	「バス・タクシー事業者のサービス提供が困難な地域において、住民等」が外出するための移動手段の確保	「単独ではタクシー等の公共交通機関を利用できない身体障害者等」が外出するための移動手段の確保
利用者	住民、観光旅客その他の当該地域を来訪する者	単独で公共交通機関を利用できない身体障害者等
実施者	・市町村 ・NPO法人 ・一般社団法人又は一般財団法人 ・（地方自治法に規定する）認可地縁団体 ・農業協同組合 ・消費生活協同組合	・医療法人 ・社会福祉法人 ・商工会議所 ・商工会 ・営利を目的としない法人格を有しない社団
	なお、道路運送法の改正により、2020 年 11 月から、運行管理や車両の整備管理について一般旅客自動車運送事業者（バス・タクシー事業者）が協力する「事業者協力型自家用有償旅客運送制度」が創設されている。	（制度のイメージ図） 交通事業者（バス・タクシー） ノウハウを活用して協力 （協力の形態） ⇒ 交通事業者が運行管理、車両整備管理の委託を受ける。 ⇒ 交通事業者がNPO等の構成員として参画し、運行管理、車両整備管理を担当する。 自家用有償旅客運送者（市町村等） 市町村等が使用権原を有する自家用自動車 運行管理、車両整備管理 住民ドライバー

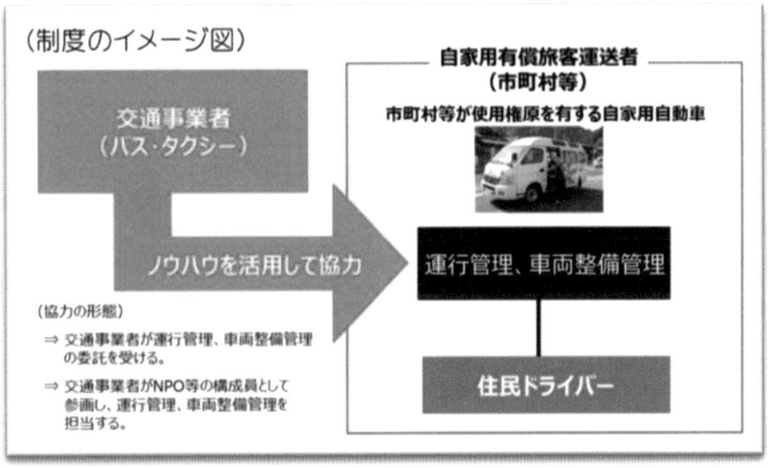

<table>
<tr><td>登録</td><td colspan="2">市町村長又は都道府県知事が主宰する地域公共交通会議、または運営協議会等、地域における関係者との協議を経て、道路運送法に基づく登録を行う。なお「地域公共交通会議及び運営協議会の設置並びに運営に関するガイドライン」では、関係者間で円滑な協議が実施されるよう「検討プロセス」が示されている。
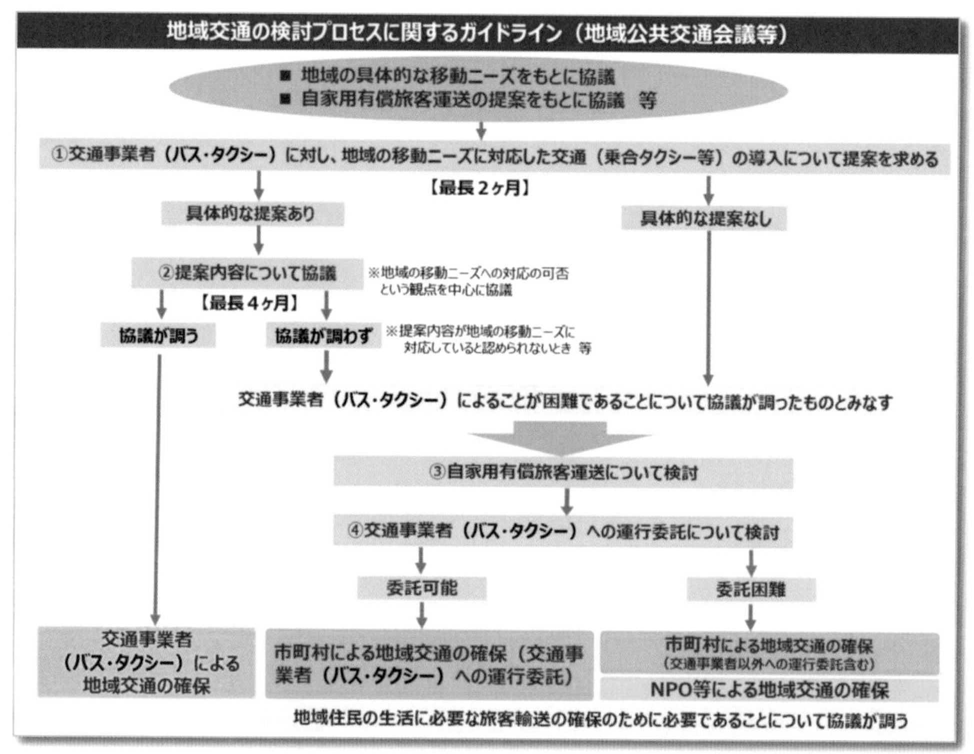
</td></tr>
<tr><td>運行形態</td><td colspan="2">タクシーのように出発地から目的地までの輸送とするものから、運行する路線（運行経路）や区域（エリア）を定めるものまで、地域のニーズに沿った運行が可能。
・路線 → 乗降場所（停留所）や運行時刻（ダイヤ）を定める場合がある（左図）。
・区域 → 市町村全体、または市町村内の一部の地域を区域とする場合がある（右図）。
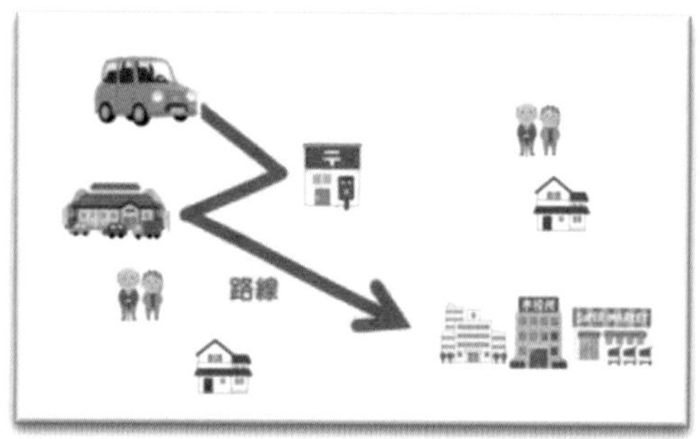

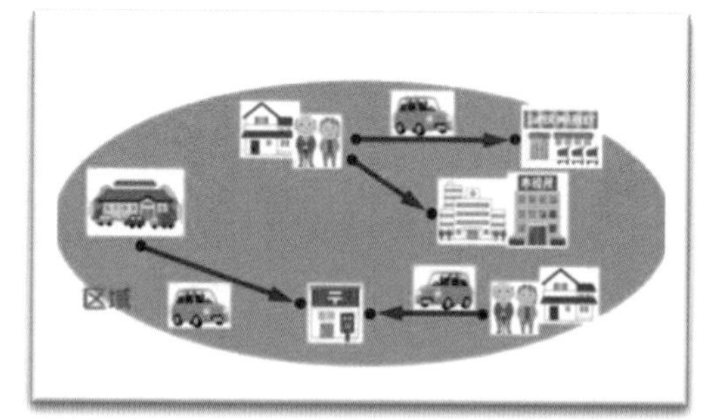
</td></tr>
<tr><td>使用車両</td><td>実施主体が、その自家用自動車の使用権原を有していること。</td><td>実施主体が、その自家用自動車の使用権原を有していること。
乗車定員 11 人未満の寝台車、車いす車、兼用車、回転シート車、セダン等</td></tr>
<tr><td>運行管理</td><td colspan="2">・運行管理の責任者を選任する。
・運行管理の責任者は、乗務しようとする運転者に対して、疾病、疲労、飲酒その他の理由により安全な運転をすることができない恐れの有無を確認し、運行の安全を確保するために必要な指示を与え、運転者ごとに確認を行った旨及び指示の内容を記録する。
・運転者に対して行う確認・指示は対面により行うことが原則だが、地域の実情を踏まえ、輸送の安全の確保の観点で適当と認められた方法によることも可能。</td></tr>
</table>

運転者要件	「二種運転免許保有」又は 「一種運転免許保有＋交通空白地有償運送等運転者講習の受講」	「二種運転免許保有」又は 「一種運転免許保有＋福祉有償運送運転者講習の受講」
運賃	実費（燃料費や人件費等）の範囲内で、地域公共交通会議や運営協議会等で協議が調ったもの。 （距離制　（例）1 km○円、時間制　（例）10 分○円、定額制　（例）1 回○円　など） なお、区域を定めて行う自家用有償旅客運送の対価は、近隣のタクシー運賃の 1/2 を目安とする。	

※ 表中の図表は、国土交通省　自家用有償旅客運送ハンドブック[4]より

京都府京丹後市丹後町は、日本で初めて地域交通に Uber 社の配車アプリを導入し、「ささえ合い交通」と呼ばれる、交通空白地有償運送制度を利用した交通サービスが誕生したことで知られる。京丹後市の北東、日本海に面した丹後町は鉄道駅がなく、海沿いの幹線道路 1 本にのみ路線バスの運行があるものの、幹線道路を一歩外れれば傾斜地に集落が密集しているため、バスを利用する住民は、急こう配の坂道を上り下りする必要があった。2008 年に町内のタクシー会社が廃止され、2014 年からデマンド型の市営コミュニティバスの運行が始まったものの、運行ルートから外れた場所での乗降ができない、前日 17 時までの予約が必要、運行区域が東・西エリアに分割され各エリア隔日運行と不便、運行エリアが狭く限定的といった問題が指摘されていた。

ささえ合い交通は 2016 年、地元の NPO 法人「気張る！ふるさと丹後町」を運行主体とし、地元住民がドライバーとなり自身が所有するマイカーで地域住民や観光客を運ぶ公共交通としてスタートした。利用者はスマートフォンで Uber のアプリを使ってマッチング（配車・乗車）を行い、ドライバーも Uber のアプリを使用するため車に機器は設置されていない。その他の特徴は以下の通りである。

図表 2-21　ささえ合い交通の概要

項　目	概　要
運行区域	乗車は丹後町のみ。降車は京丹後市全域。この制約はタクシー事業者との競合調整によるもの。2023 年 3 月から丹後町外の弥栄町病院からの帰路運行が可能になる。
運賃	タクシーの概ね半額程度（国土交通省による目安に基づく設定）。 当初はクレジットカード払いのみであったが、途中より現金支払いも可能とした※。 運賃収入の大半はドライバーへの報酬、残りが運行管理などの経費として NPO へ、さらにシステムを提供する Uber 社へ配分される。
車両	住民ドライバーが所有するマイカーを利用（NPO が所有する車両はなし）
運行経費	運行にかかる燃料代はドライバーへの報酬で負担（車検代は個人使用の範疇とする）
運行時間	午前 8 時～午後 8 時（年中無休）
配車方法	スマートフォンで Uber のアプリを利用して即時配車。途中より NPO 会員や代理サポーターが利用者に代わって配車することを可能とした。
登録表示	各車両の側面に登録標識を表示、ドライバーは専用のベストを着用
利用者	丹後町民、観光客など来訪者
安全運行のために	・毎朝の運行前のドライバーチェック（対面）の実施 ・ドライバーに対しては定期的な安全講習の開催

※ 現金支払いは Uber 社が丹後町の事情を十分に考慮して、柔軟な対応をしたものと考えられる。
出所：東恒好[5] および 髙橋愛典、野村実[6]、NPO 法人「気張る！ふるさと丹後町」への取材をもとに十六総合研究所作成

ささえ合い交通は、交通空白地有償運送をより効果的に実施するために、Uber のアプリをうまく利用している。Uber のライドシェアサービスは、本来は有償で人を運びたいドライバーと希望者をマッチングするもので、日本では 2015 年に、福岡市で自家用車による「みんなの Uber」のテスト運用が計画されたものの、無許可営業のタクシー行為にあたり、道路運送法に抵触する可能性があるとして国土交通省から中止が指導された[2) 3)]。ささえ合い交通は、Uber のアプリを自家用有償旅客運送制度と組み合わせることで、ライドシェアとは本質的に似て非なるサービスを提供している点がユニークであると言える。ささえ合い交通のメリットとデメリットを以下にまとめる。

地域住民に愛される「ささえ合い交通」
写真提供：NPO 法人「気張る！ふるさと丹後町」

ささえ合い交通のメリット・デメリット

メリット		
	Uber のアプリを利用するメリット	・配車の電話受付とドライバー呼び出しの人的負担をゼロにできる。 ・利用者はいつでも、自ら配車し移動することができる。（ただし営業時間中） ・ドライバーは「オン」「オフ」の切り替えが柔軟にでき、運転する・しないの意思表示が簡単。 ・どこでも待機でき、女性も活躍しやすい。 ・アプリが多言語対応しているため、海外からの観光客にも使いやすい。
	ドライバーのメリット	多くが高齢者であるが、定年退職後の収入の一助となることや、人によっては遊休資産とも言えるマイカーを有効に活用できる。
	行政のメリット	NPO の意向により補助金なしで運行しており、行政コストがかからない。
デメリット		
	・タクシー事業者との調整により乗車地が丹後町内に限られているため、町外の病院・商業施設への往復に利用することができない。（利用者は、行きはささえ合い交通で、帰りは町内のバス停まで路線バス等を利用し、町内のバス停から自宅までささえ合い交通を利用するなど工夫している）　ただし、2023 年 3 月から、丹後町外の弥栄町病院からの帰路運行が可能となった。 ・バス運賃（200 円バスと呼ばれる）に比べれば割高。	
課題		
	・丹後町外への往復運行の一般化 ・京丹後市外や海外からの観光客の利用増加 ・ドライバー点呼にあたり、テレビ電話などを利用した遠隔点呼の通常化 ・スマートフォンを持たない高齢者に対しては、購入費、通信費の補助などが必要	

出所：東恒好[5)] および 髙橋愛典、野村実[6)]、NPO 法人「気張る！ふるさと丹後町」への取材をもとに十六総合研究所作成

人口減少が進み、安定的な税収の確保が課題となるなか、公共交通を維持するための費用を捻出し続けることは多くの自治体にとって容易ではない。メリット、デメリットはあるものの、自家用有償旅客運送の制度は、住民の利便性を確保しつつ、行政コストを抑え、地域交通の持続可能性を高めるという点で、特に過疎化が進む地域で有効に利用されている。ただし、地域内やその近隣にタクシー会社が存在する場合、本制度の導入がタクシー事業者の経営を圧迫する可能性は高い。地域の実情に合った制度（使用車両や運行形態）の設計が重要である。

2.10.3. 相乗り（ボランティア）

日本型相乗りは、地域住民の助け合いの精神により自然発生的に生まれた輸送形態で、当然、道路交通法上の許可や登録を要しない。利用できる公共交通機関がないため、やむなく相乗りをせざるを得ない人がいることは問題であるが、ガソリン代を節約する目的で仲の良い住民が相乗りをすることもあるため、どの程度が「地域公共交通への不満」が理由で相乗りをしているのかを示すのは難しい。

一般に相乗りに関しては、以下のようなメリット・デメリットが考えられるが、一般にデメリットが大きいと考えられるため、「誰もが気軽に相乗りを行える」ものではない。

相乗りのメリット・デメリット

メリット	・公共交通がない地域や、本数が少ない地域での移動需要を補完できる。 ・運転手と同乗者の目的地が同じならば、ガソリン代を節約できる。 ・住民同士の親睦が深まり、地域の活性化に繋がる。 ・相乗りのおかげで高齢者の移動回数が増えれば、老後の生活の充実や健康増進にプラスに働き、行政コストを引き下げることも期待できる。
デメリット	・誰もがいつでも気軽に利用できるとは言い難い。 ・需要（相乗りしたい人）と供給（相乗りしても構わない人）のマッチングを合理的に行う仕組みが一般化されておらず、個人のネットワークに依存している。 ・事故を起こした場合、責任や賠償の問題が複雑。

とはいえ、人口減少がさらに進むと、閑散地域での人口密度は一層低下し、自家用有償旅客運送制度でも十分にカバーができない地域が増えることも予想される。そうした地域では、相乗りは「最後の砦」となり得るため、移動確保の方法としての「相乗り」について、法制度も含めた議論を進めていく必要があるだろう。

相乗りに関しては、乗る側、乗せる側の心理面について、原田[7)]の研究が興味深い結果を提供している。交通空白地域である岐阜県高山市高根地区の住民に対するアンケート調査であり、回答者 190 名の平均年齢は 68.2 歳、運転免許保有率は約 7 割となっている。同地区では自家用有償運送制度を利用した「たかね号」が約 300 名の地域住民の足となっているが、それだけでは住民の移動ニーズを十分に満たせているとは言い難い状況にある。

アンケートは、住民同士が「乗り合い」(住民の自動車利用機会に、他の住民が同乗すること。法令的には「相乗り」）を行うと仮定し、その際の「乗る側」と「乗せる側」の意識を訪ねたものである。その結果は以下の通りである。

「乗る側」と「乗せる側」の意識

抵抗感	・乗る側、乗せる側ともに、抵抗を感じると回答した人は50%台。 ・乗せる側が抵抗を感じる理由は、自分も高齢者であることから事故への不安が大きいことなど。
希望金額	・乗る側で抵抗を感じる人の約９割が「タクシー以下」程度の金額を希望しており、抵抗がない人（「無料」: 41%、「たかね号程度」: 22%、「タクシー以下」: 34%）に比べて支払える希望金額が高額だった。運転する人に申し訳ないなどの気持ちが、乗り合いの抵抗に繋がっていると考えられる。 ・乗せる側では抵抗の有無に大差はなく、大半が「無料」でよいと考えており、金銭よりも純粋に地域の助け合いなどの気持ちが作用している。

この調査では、住民の半数超が乗り合いに抵抗感を持っており、乗る側の支払い希望額と乗せる側の受け取り希望額に大きな乖離があるという結果になった。それならば、乗る側と乗せる側双方が受け入れやすい料金設定を行い、両者をうまくマッチングさせることができれば、高齢者が多い閑散地域でも乗り合いが成立する可能性が高まるとの期待が持てる。本件は高根地区のアンケート結果に基づくものであり、公共交通空白地での取り組みに一般化できるかどうかは検証が必要であるが、住民の助け合いの気持ちを、地域の交通問題の改善に役立てるためのヒントを与えてくれるものと考える。

参考文献

1　国土交通政策研究所　山上俊行（2017）「ライドシェアとは何か？」『PRI Review』第65号 2017年夏季

2　松野由希（2020）「ライドシェアの現状の取り組みと今後の展望について」『運輸と経済』 第80巻 第2号 '20.2

3　尾形孔輝、竹本拓治、米沢晋（2021）「コミュニティバスの受益者負担について　海外事例を踏まえた考察」『パーソナルファイナンス研究』 NO.8

4　国土交通省　「自家用有償旅客運送ハンドブック」

5　東恒好（2020）「Uberで配車し、マイカーを使ったライドシェア型公共交通＝「ささえ合い交通」の実践」『住民と自治』 2020年7月号

6　髙橋愛典、野村実（2020）「京丹後市「ささえ合い交通」の取り組みとその背景 -「日本初のUber」はライドシェアなのか？-」『運輸と経済』 第80巻 第2号 '20.2

7　原田峻平　「公共交通空白地におけるライドシェア導入の可能性について」『運輸と経済』 第81巻 第11号 '21.11

8　山根啓太　「地域における移動手段の確保に関する実態把握」『運輸と経済』 第80巻 第4号 '20.4

第3章

公共交通に関する意識についてのアンケート

第3章　公共交通に関する意識についてのアンケート

本提言書作成にあたり、地方に住む人々の公共交通に関する意識を把握するために、岐阜県、三重県、滋賀県に居住する1,080人に対してwebアンケートを実施した。調査対象をこの3県とした理由は、人口減少が問題となっている山間部などのエリアを含み、名古屋市のような公共交通の利便性が高い大都市を含まない点で、「地方」に住む人々の意見を反映しやすいと考えたからである。結果として、この3県間での回答のばらつきはそれほど大きくなかったことから、県別の分析は割愛する（ただし第6章で、Q6についてのみ岐阜県と滋賀県の比較を行っている）。

調査要領

1. 調査方法　インターネットによるアンケート
2. 調査内容　公共交通に関する意識
3. 調査期間　2022年11月25日～11月28日
4. 回答状況　有効回答　1,080名　（回答者の内訳は以下の通り）

回答者属性

性別	岐阜県		三重県		滋賀県		合計	
男性	180	50.0%	180	50.0%	180	50.0%	540	50.0%
女性	180	50.0%	180	50.0%	180	50.0%	540	50.0%
合計	360	100.0%	360	100.0%	360	100.0%	1080	100.0%

未婚・既婚	岐阜県				三重県				滋賀県				合計			
	男性	女性	計	構成比	男性	女性	計	構成比	男性	女性	計	構成比	男性	女性	計	構成比
未婚（離別・死別含む）	66	61	127	35.3%	72	56	128	35.6%	71	55	126	35.0%	209	172	381	35.3%
既婚	114	119	233	64.7%	108	124	232	64.4%	109	125	234	65.0%	331	368	699	64.7%
合計	180	180	360	100.0%	180	180	360	100.0%	180	180	360	100.0%	540	540	1080	100.0%

年齢	岐阜県				三重県				滋賀県				合計			
	男性	女性	計	構成比	男性	女性	計	構成比	男性	女性	計	構成比	男性	女性	計	構成比
20-29歳	36	36	72	20.0%	36	36	72	20.0%	36	36	72	20.0%	108	108	216	20.0%
30-39歳	36	36	72	20.0%	36	36	72	20.0%	36	36	72	20.0%	108	108	216	20.0%
40-49歳	36	36	72	20.0%	36	36	72	20.0%	36	36	72	20.0%	108	108	216	20.0%
50-59歳	36	36	72	20.0%	36	36	72	20.0%	36	36	72	20.0%	108	108	216	20.0%
60歳～	36	36	72	20.0%	36	36	72	20.0%	36	36	72	20.0%	108	108	216	20.0%
合計	180	180	360	100.0%	180	180	360	100.0%	180	180	360	100.0%	540	540	1080	100.0%

職業	岐阜県				三重県				滋賀県				合計			
	男性	女性	計	構成比	男性	女性	計	構成比	男性	女性	計	構成比	男性	女性	計	構成比
公務員	10	7	17	4.7%	11	4	15	4.2%	8	6	14	3.9%	29	17	46	4.3%
経営者・役員	8	0	8	2.2%	4	1	5	1.4%	1	0	1	0.3%	13	1	14	1.3%
会社員（事務系）	19	30	49	13.6%	27	23	50	13.9%	25	22	47	13.1%	71	75	146	13.5%
会社員（技術系）	35	6	41	11.4%	48	12	60	16.7%	45	5	50	13.9%	128	23	151	14.0%
会社員（その他）	42	14	56	15.6%	34	13	47	13.1%	46	19	65	18.1%	122	46	168	15.6%
自営業	12	2	14	3.9%	10	5	15	4.2%	5	2	7	1.9%	27	9	36	3.3%
自由業	7	2	9	2.5%	3	2	5	1.4%	2	1	3	0.8%	12	5	17	1.6%
専業主婦（主夫）	3	50	53	14.7%	3	46	49	13.6%	5	61	66	18.3%	11	157	168	15.6%
パート・アルバイト	9	49	58	16.1%	10	59	69	19.2%	9	47	56	15.6%	28	155	183	16.9%
学生	4	4	8	2.2%	7	4	11	3.1%	7	3	10	2.8%	18	11	29	2.7%
その他	6	2	8	2.2%	4	0	4	1.1%	4	4	8	2.2%	14	6	20	1.9%
無職	25	14	39	10.8%	19	11	30	8.3%	23	10	33	9.2%	67	35	102	9.4%
合計	180	180	360	100.0%	180	180	360	100.0%	180	180	360	100.0%	540	540	1080	100.0%

また「3.2 提言要旨が促す意識の変化」では、①公共交通が便利な地域か否かと、②公共交通を利用しているか否かの観点から、回答者を下図の通り AC、PC、AI、PI の 4 グループ（以下、「利用者属性」と言う。）に分類し、「提言要旨」を読む前と後で回答者の意識がどのように変化したかについて分析を行った。

利用者属性の決定方法

自宅から最寄りのバス停・駅までの距離が近く、かつ運行頻度が 1 時間当たり 2 本以上の地域を「公共交通便利地域（C：convenient）」、それ以外を「公共交通不便地域（I：inconvenient）」と定義する。また、普段の外出の際、主に自家用車を利用している人を「車利用者（A：automobile）」、公共交通機関も利用している人を「公共交通利用者（P：public transportation）」と定義し、これらの組み合わせにより回答者を AC、PC、AI、PI の 4 グループに分類した（下図参照）。
なお、主な交通手段が自転車や原動機付自転車と回答した 37 名は、分析の対象外としている。

公共交通便利地域 と 公共交通不便地域 の定義		Q1. 自宅から最寄りのバス停・駅までの距離					
		1. 徒歩5分以内	2. 徒歩10分以内	3. 徒歩15分以内	4. 徒歩16分以上	5. 徒歩圏内にはない	合計
Q2. その公共交通機関の運行本数（昼間）	1. 1時間に4本以上 2. 1時間に2本〜3本	317		162			479
	3. 1時間に1本程度 4. 数時間に1本程度 5. わからない	344		257			601
	合計	661		419			1,080

公共交通便利地域 317人　　公共交通不便地域 763人

利用者属性の決定			分類	公共交通便利地域	公共交通不便地域	合計	
Q3. 普段外出する際の徒歩以外の交通手段	1. ほぼ自家用車	846	車利用者	AC: 209人	AI: 637人	846	1,043
	2. 主に自家用車だが、公共交通機関（バス・鉄道）も使う	86	公共交通利用者	PC: 93人	PI: 104人	197	
	3. 主に公共交通機関（バス・鉄道）だが、自家用車も使う	96					
	4. その他 （自由回答で公共交通機関利用と判断）	15					
	5. その他 （自由回答で自転車・バイク等と回答）	37	対象外	対象外 15人	対象外 22人	37	37
	合計	1,080		317	763	1,080	1,080

利用者属性の定義

AC　公共交通便利地域に居住しているが、主に自動車を利用している人
PC　公共交通便利地域に居住しており、公共交通を利用している人
AI　公共交通不便地域に居住しているため、主に自動車を利用している人
PI　公共交通不便地域に居住しているが、公共交通を利用している人

3.1. バスや鉄道に対して感じる不満

最も不満に感じる割合が高かった項目は「料金」であり、4 人に 1 人（26.5%）が不満を持っている。2 位は「運行頻度」であり、料金を安くして運行頻度を上げれば、約半分の人がバスや鉄道に対して感じる不満が解消する可能性がある。しかし、大半の交通事業者においては、利用者減少と運営コスト増加で料金の値下げは不可能に近い。利用者減少に対応して運行頻度を減らしてきた事情を踏まえると、確実な収益の改善が見込めないなかで、こうした不満の解消に繋がる施策を交通事業者自身が打ち出すことは非常に難しい。

図表 3-1　バスや鉄道に対して感じる不満

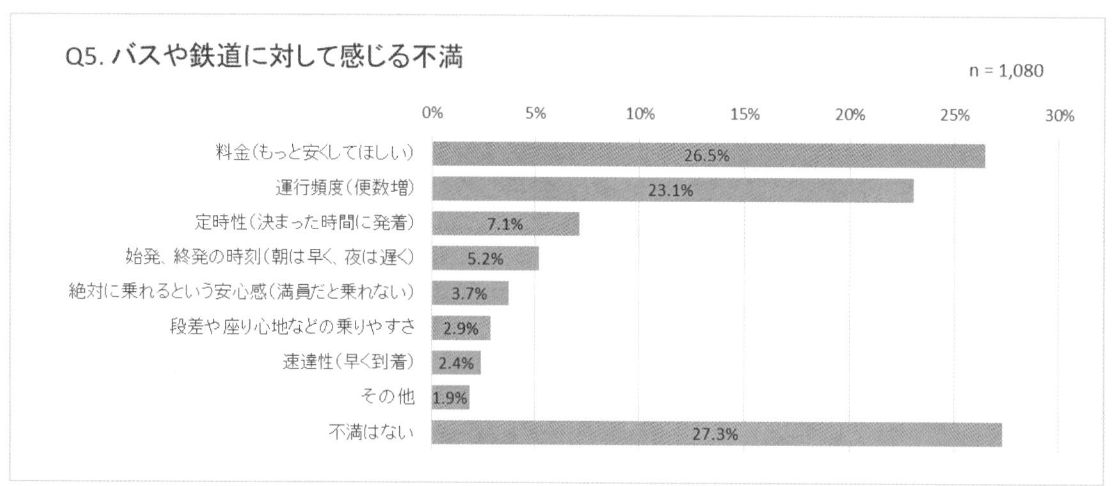

また、27.3%が「不満はない」と回答しているが、公共交通を利用する PC、PI で「不満はない」と回答したのは 2 割程度であったのに対して、AI（交通不便・自動車利用）で「不満はない」と回答した人の絶対数が多かったため、全体ではこのような結果となった。したがって、バスや鉄道が便利だから「不満はない」を選ぶ人が多かったというよりは、「車が使えるので問題はない」と考えている人が多いという点に留意したい。

3.2. 提言要旨が促す意識の変化

アンケート中、回答者に以下の提言要旨を読んでもらい、バスや鉄道に対する考え方が変化したか否かを質問した。

「提言要旨」　以下の話を、ひとつの考え方としてお読みください。

新型コロナの影響もあり、地方のバスや鉄道の経営は危機的な状況です。これらの大半は赤字経営であり、国や地方からの補助金で何とか運営を維持していますが、海外に目を向けると、運営費の多くを国や自治体の公的資金や、バスや鉄道の運行を目的とした税金（交通税）でまかなっている例が多く見られます。つまり住民（国民）全体が資金を負担することでバスや鉄道を支えているのがスタンダードな姿です。

少子高齢化によりバスや鉄道が廃止されると、学生は通学が、高齢者は通院や買い物ができなくなり、生活が困難な「人が住めない」地域が増えてしまい、国土の荒廃を招いてしまいます。道路や橋といったインフラと同様に、人々の生活に不可欠なバスや鉄道に、税金や補助金のような「みんなのお金」を支出することで、バランスの取れた国土の維持・発展が可能になります。バスや鉄道は車に比べ温暖化ガスの排出量が少なく、SDGs の観点からも優れた乗り物です。

できれば車の利用を少し減らしてバスや鉄道に乗ってみませんか？ そうでなくとも、バスや鉄道を支援するために少し資金負担してみませんか？ 私たちが、少しだけ考え方や行動を変えることが地方のバスや鉄道の維持につながり、持続可能な社会の実現に貢献していくことになると思います。

結果は図表3-2の通りで、回答者の33.0%が、提言要旨を読むことにより考え方が変化したと回答した。提言要旨は、あくまで「ひとつの考え方としてお読みください」とあるように、地域公共交通の現状と弊社の考え方を理解してもらうことが目的であり、強く説得を試みるようなスタンスではなかったにもかかわらず、3分の1もの回答者に共感していただけた。この事実は、多くの人々は公共交通のメリットや重要性を、普段それほどは認識していないだけで、それに気付いてもらえさえすれば、利用客増加や財政的支援強化に繋がる可能性があることを示唆したものと言えるだろう。

ちなみに「変化した」に該当する3つの選択肢の比率はいずれも10%前後と概ね等しく、「2.乗る回数・金銭負担を増やしてもよい」が9.3%、「3.乗る回数を増やしてもよい」が12.6%、「4.金銭負担を増やしてもよい」が11.1%であった。あくまで機会があればという前提であるが、これらより「(2+3) 乗る回数を増やす可能性がある人」が21.9%、「(2+4) 金銭負担を増やすことに同意する可能性がある人」が20.4%もいることがわかる。

図表 3-2　提言要旨を読んだ前後での考え方の変化 ①

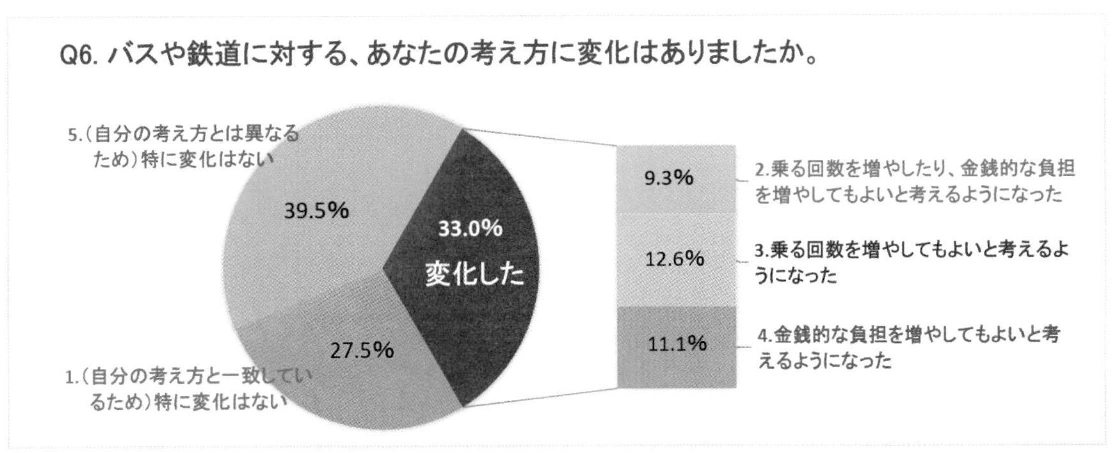

利用者属性別に見ると（図表3-3)、公共交通を利用するPC（46.2%)、PI（50.0%）で、考え方が変化したと回答した比率が高い。これは普段から公共交通を利用する人は、車しか利用しない人に比べ利用機会がある分、自分自身に関わることとして考えを変える人が比較的多かったと考えられる。

また、交通が便利な地域に住んでいるPCでは28.0%が「乗る回数を増やしてもよい」と回答し、交通が不便な地域に住んでいるPIでは19.2%が「金銭負担を増やしてもよい」と回答していることから、公共交通が便利な地域では乗る回数を増やすことで、公共交通が不便な地域では金銭負担を増やすことで、自らの移動の足を維持・確保していこうと改めて認識した人が多いことがわかる。

一方で、AIでは半分近い人（46.2%）が「考え方が異なるため変化はない」と回答している。公共交通が不便なため車中心の生活をしている人にとっては、金銭的な負担を増やしても直接的なメリットは実感しにくいためであろう。公共交通存続のためには、AIのような人からも、一層の理解・支援を得ていくことがひとつの課題と言えるだろう。

図表 3-3　提言要旨を読んだ前後での考え方の変化 ②

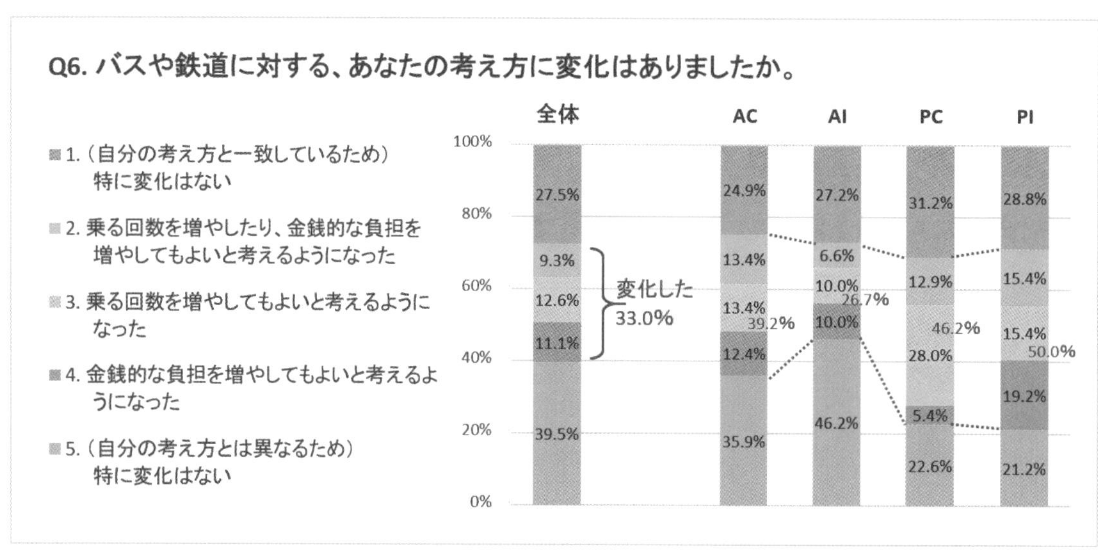

次に、提言要旨を「読む前」と「読んだ後」に全く同じ質問をすることで、回答者の公共交通の運営費負担に対する意識がどのように変化したかを分析した（図表 3-4）。

全体では、「1.廃止もやむを得ない」と回答した比率が、27.5%から 23.0%へ 4.5 ポイント減少し、一方で「3.利用しない人も一定の負担をしていくとよい」と回答した比率は、23.1%から 31.3%へ 8.2 ポイント増加しており、提言要旨を読んだ結果、利用者が少なくても公共交通は残す方がよく、そのためには利用しない人も含めて金銭的負担が必要であると考える人が増えたことがわかる。

利用者属性別に見ると、上記傾向はいずれのグループにも共通に見られるが、特に PI（公共交通が不便だが公共交通機関を利用）では「3.利用しない人も一定の負担をしていくとよい」と回答した比率が、34.6%から 47.1%へ 12.5 ポイントも増加している。PI に属する人の中には、路線の存続が危ぶまれている地域に住む人も少なくないと考えられ、バスや鉄道を普段利用しない人からの積極的な支援がないと、地域の生活が維持できないことに対する危機感が表面化したものと考えられる。

図表 3-4　利用者以外の人が、運営費の一部を負担することについて

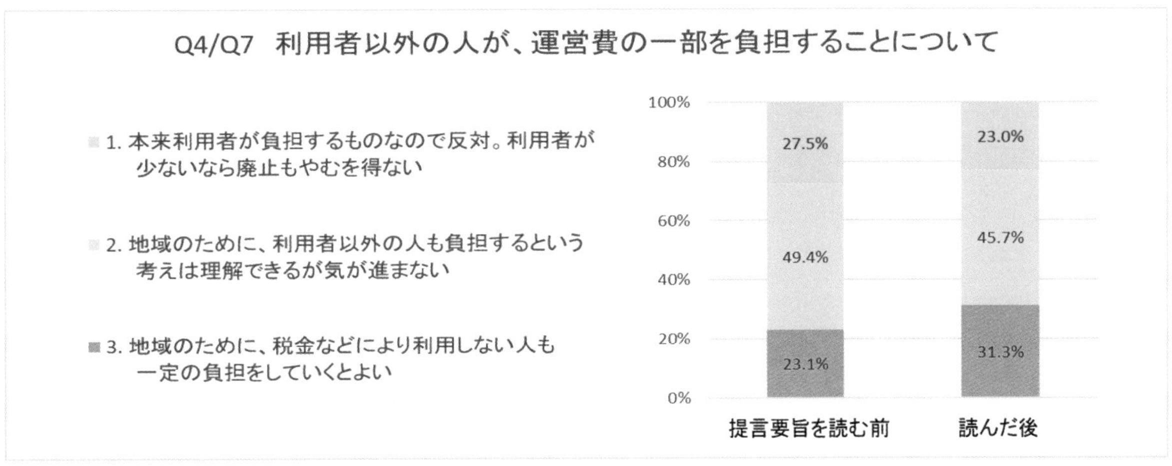

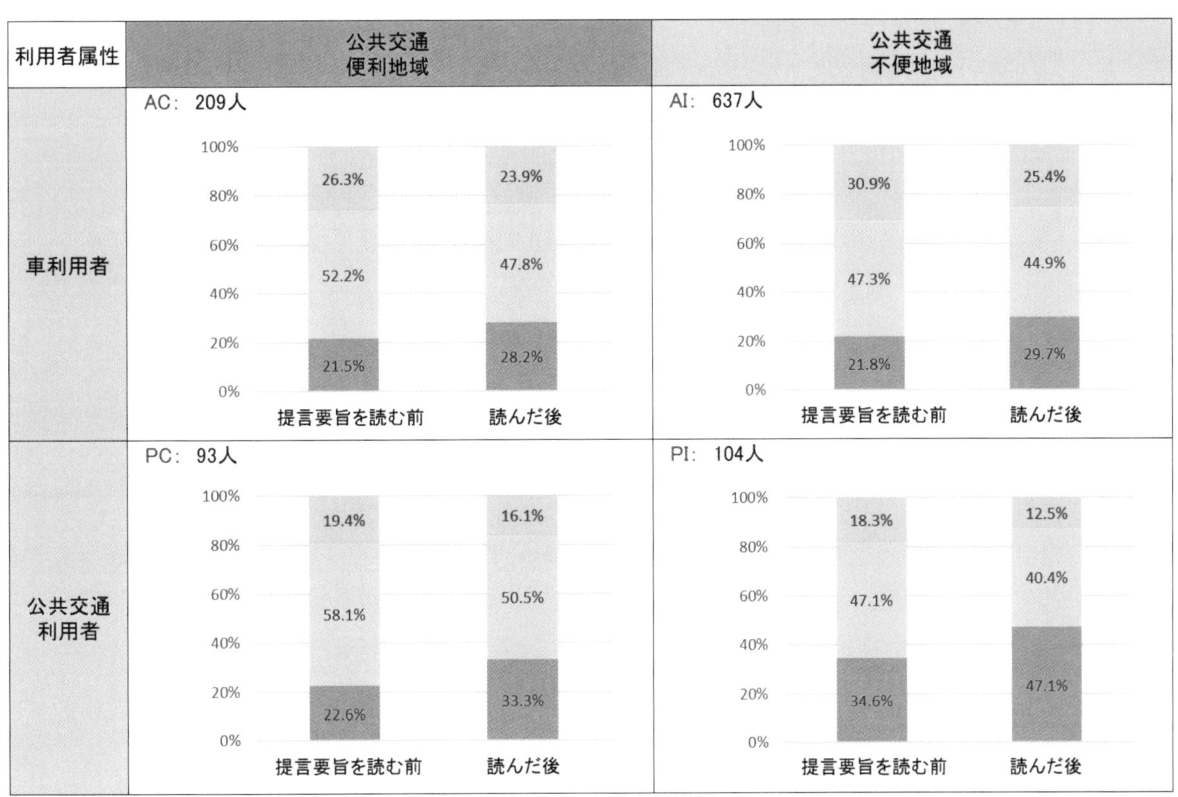

このように、現在の公共交通が置かれた状況を正確に伝え、公共交通があることのメリット、なくなることのデメリットを認識してもらうだけで、公共交通の運営費に対する考え方も、より前向きなものに変わり得ることがわかった。また、現在公共交通を使っていない人においても、それなりの意識変化が生じたことから、交通目的税のような制度も、納税者の理解を深める有効な施策を取ることができれば、導入の余地が広がるものと考える。

3.3. 許容できる追加資金負担額

交通目的税のように、自分が利用するかどうかに関係なく一定の金額を負担することについては、「そもそも支払う必要がないと考えるため、支払いたくない」は 18.7%にとどまり、約 8 割が追加資金負担の趣旨に賛同していることがわかった。最も多かったのは「月額ひとり当たり 100 円程度なら支払ってもよい」と考える人で 30.2%、次に「趣旨には賛同するが、支払いたくない」という人の 24.1%であった。

図表 3-5　許容できる追加資金負担額

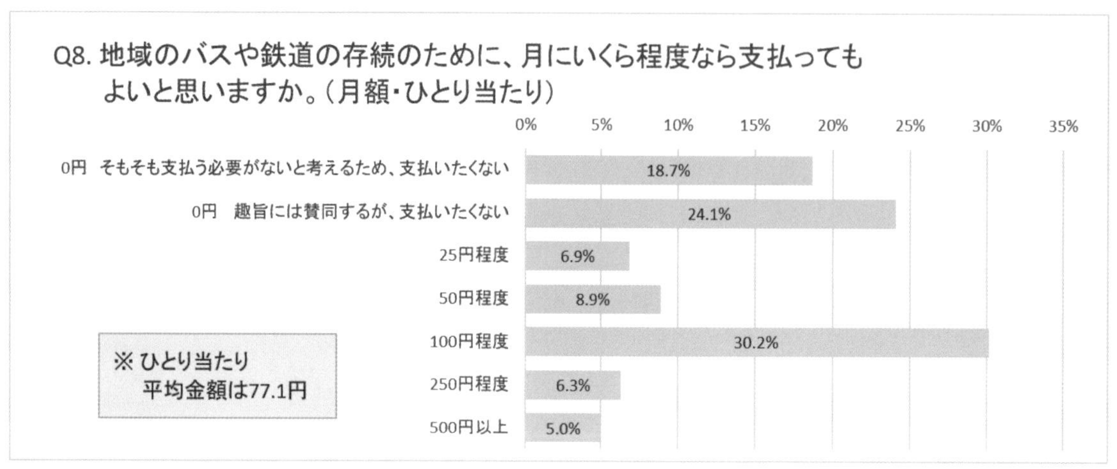

全体の平均では、月額ひとり当たり 77.1 円を支払ってもよいという結果となった。例えば、人口 5 万人程度の小規模な自治体で、月額ひとり当たり 77.1 円納税額が増えた場合、全体で年間約 4,600 万円の税収増加、人口約 200 万人の岐阜県にあてはめれば、全体で年間約 18 億 5,000 万円の税収増加と、国や自治体が地方鉄道やバスの維持のために支出する補助金の規模に匹敵※するほどの規模となる。

※ 岐阜県の場合、2020 年度のローカル鉄道に対する国、県（三重県含む）、市町の補助金支出額は 8 億 7,700 万円、バスに対する国、県の補助金支出額は 7 億 4,200 百万円、バスに対する市町村の補助金支出額は含まない。

3.4. バス・タクシーの運転手に対するイメージ

地方では、バスやタクシーの運転手不足が深刻な問題となっている。そこで回答者全体から「現在運転手をしている」人（6 名）を除いた 1,074 名に、職業としての運転手のイメージを訪ねた。

図表 3-6　バスやタクシーの運転手は、転職先の候補になるか

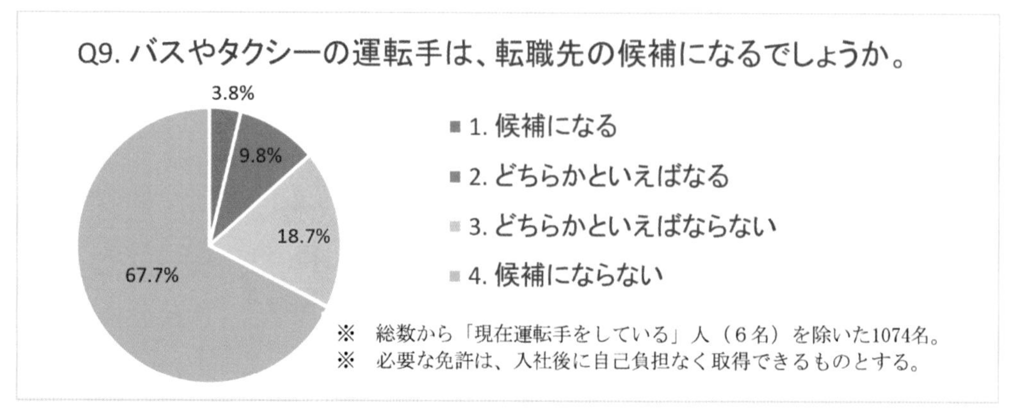

まず回答者が転職すると仮定し、運転手が転職先の候補となるかを尋ねたところ、「候補になる」または「どちらかといえばなる」と答えた割合は13.6%にとどまった（図表3-6）。

次に転職先の候補とならない理由（複数回答）の1位～3位までの合計を見ると、意外にも「マナーの悪い乗客など接客への不安」が48.4%と、約半分の人が選択していた。また、転職先の候補とならない理由の第1位で最も多かったのは「運転技術に自信がない」の25.2%であり、男性より女性でこの項目を選択した人が多かった（図表3-7）。

図表 3-7　バスやタクシーの運転手が、転職先の候補にならない理由

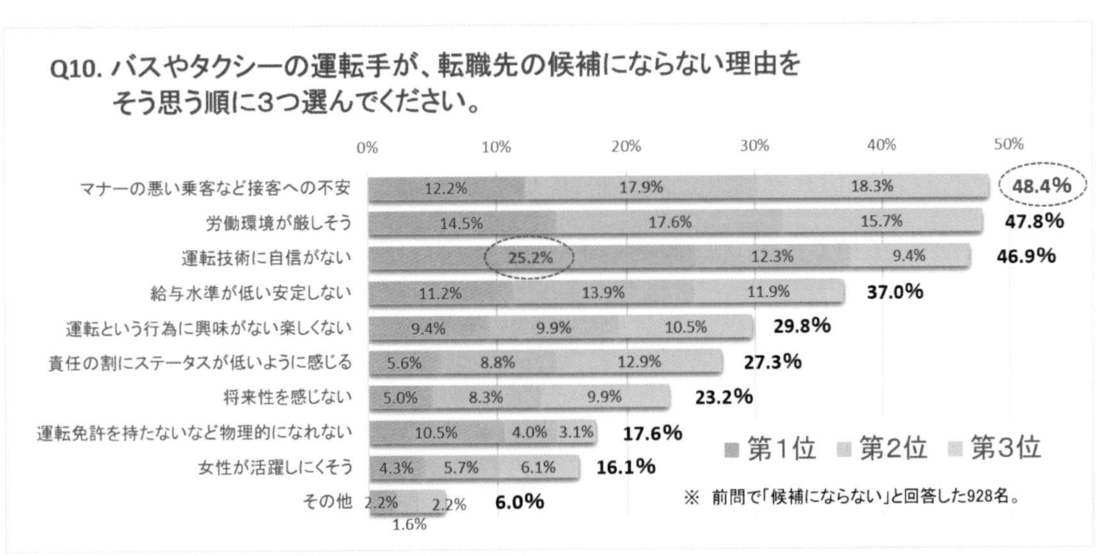

「マナーの悪い乗客など接客への不安」を払拭するには、一般の利用者のマナー向上が不可欠である。バスなら混雑している場合は荷物を足元に置く、複数の座席を占領しない、タクシーなら節度を持った飲酒を心掛けるなど、私たち利用者が日常的に努力すれば解決できる内容だろう。利用者のマナーが向上すれば、運転手をしてもいいと思う人が増加する可能性がある点を、しっかりと認識したい。

また「運転技術」の問題は、日進月歩の進化を見せる各種運転支援機能が運転手の負担軽減に直結するほか、後述するレベル2、レベル3の自動運転では、自動運転技術のサポートの下、必要に応じてゲーム機のコントローラーで運転を行うといった運転技術の不安軽減に繋がる仕組みの導入により、運転手の門戸が広がることが期待される。

岐阜バス
13-78

第4章

公共交通の維持・存続を考えるうえでの視点

第4章　公共交通の維持・存続を考えるうえでの視点

公共交通は、特に地方の生活を支える重要な柱であり、採算や利便性だけでその存続や運用方針を決定するような単純なものではない。第4章では、SDGsやMaaS、クロスセクター効果など、地方の公共交通の将来を考えるうえで考慮すべき視点について述べる。

4.1. SDGsの視点

SDGsは、Sustainable Development Goals（持続可能な開発目標）の略称であり、持続可能でより良い世界を実現するために、2030年までに達成すべき国際社会全体の目標である。「地球上の誰一人として取り残さない」を理念に、日本も国を挙げて積極的に取り組んでいる。

SDGsは17のゴールと169のターゲットから構成されており、目標11「住み続けられるまちづくりを」のターゲットのなかで、公共交通の在り方について明確な理想像を示している。その実現のためには、目標12「つくる責任、つかう責任」で示されるように、私たちは意識改革を行い、自家用車に比べ環境負荷が低い公共交通の利用を促進することにより、目標7の「エネルギーをみんなに、そしてクリーンに」と、目標13の「気候変動に具体的な対策を」に取り組む必要がある。

4.1.1. 公共交通に課せられた使命

本章の記述を開始したのは、調査・執筆が進み、提言の全体像がほぼ出来上がりつつある段階であった。そして、SDGs目標11のターゲット11.2が、著者の至った「思い」を、そのまま文章にしたようなものであることに驚きを覚えた。本提言は日本の、それも人口が減少する地方を対象としたものであるが、その方向性が世界共通の目標と一致していたということから、公共交通に課せられた使命は世界共通の普遍的なものであると言えるのかもしれない。

目標11　包摂的で安全かつ強靱（レジリエント）で持続可能な都市及び人間居住を実現する

11.2：　2030年までに、脆弱な立場にある人々、女性、子ども、障害者及び高齢者のニーズに特に配慮し、公共交通機関の拡大などを通じた交通の安全性改善により、すべての人々に、安全かつ安価で容易に利用できる、持続可能な輸送システムへのアクセスを提供する。

「我々の世界を変革する：持続可能な開発のための2030アジェンダ」外務省仮訳より抜粋（以下同じ）

目標11は「包摂的で安全かつ強靱（レジリエント）で持続可能な都市及び人間居住を実現する」であり、そのなかで「2030年までに、脆弱な立場にある人々、女性、子ども、障害者及び高齢者のニーズに特に配慮し、公共交通機関の拡大などを通じた交通の安全性改善により、すべての人々に、安全かつ安価で容易に利用できる、持続可能な輸送システムへのアクセスを提供する。」というターゲットが示されている。

SDGs のキーワードは「誰一人として取り残さない」である。自分で自動車を運転できない人（子ども、障害者、高齢者など立場の弱い人）が取り残されることなく、安全かつ安価で容易に公共交通を利用できるような世界、それは夢や理想ではなく、2030 年までに、世界中の国々がこれを実現しなければならない共通の目標である。既存の公共交通機関を廃止することで「誰かが取り残されてしまう」状況が生じないよう、私たちは知恵を絞り、努力を重ねていく必要がある。

4.1.2. 地球環境への配慮

目標 11 で示された輸送システムは「持続可能」であることが求められているが、実際のところ既存の交通手段は、地球環境に対してどの程度の負荷をかけているだろうか。図表 4-1 は 2020 年度における日本の二酸化炭素排出量を示したものであるが、排出総量（10 億 4,400 万トン）のうち、運輸部門からの排出量（1 億 8,500 万トン）は 17.7%を占めている。

その内訳を見ると、貨物車も含めた自動車全体で運輸部門の 87.6%（日本全体の 15.5%）を占めており、うち、旅客自動車が運輸部門の 48.4%（日本全体の 8.6%）を排出している。一方でバスは運輸部門の 1.6%、鉄道は 4.2%と桁違いに少ない。このように現在の輸送手段の主力である自家用車は二酸化炭素を大量に排出しており、対応は急務であると考えられる。

図表 4-1　運輸部門における二酸化炭素排出量（2020 年度）

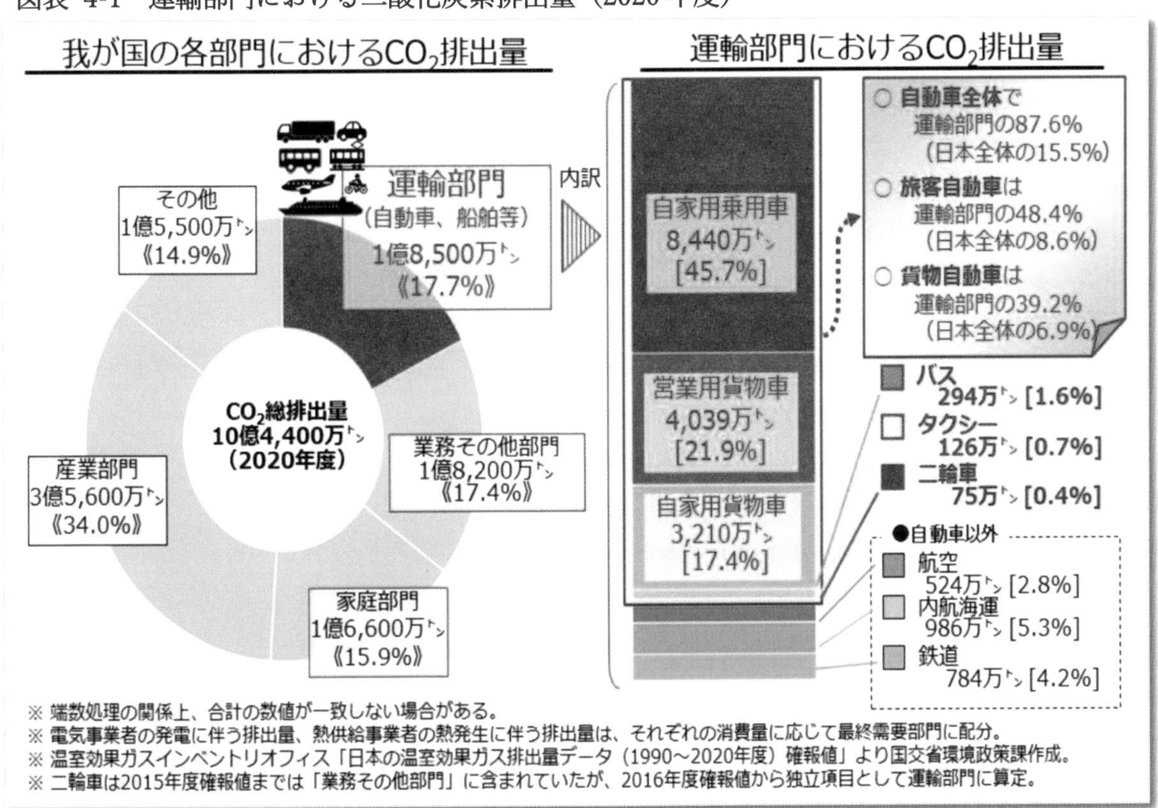

出所：　国土交通省 HP　運輸部門における二酸化炭素排出量（2020 年度）

図表 4-2 は、国内の各種旅客輸送機関における二酸化炭素排出量（走行起源分）を輸送量（人キロ：輸送した人数に輸送した距離を乗じたもの）で割り、単位輸送量当たりの二酸化炭素の平均的な排出量を試算したものである（2019 年度）。これによれば、バスの単位輸送量当たり排出量は自家用乗用車を大きく下回っていることがわかる。そして平均乗客数が増えれば計算上の分母が増加するため、単位輸送量当たりの二酸化炭素の排出量は一層低下する。1 つの車両に多くの人が乗り合うほど、地球環境への負荷を減らすことができるのである。

図表 4-2　輸送量当たりの二酸化炭素の排出量（2019 年度）

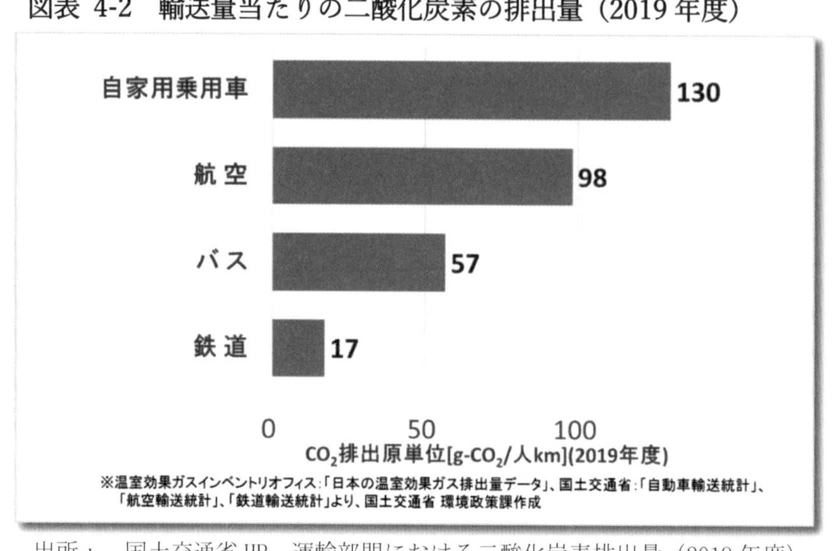

出所：　国土交通省 HP　運輸部門における二酸化炭素排出量（2019 年度）

図表 4-2 の数値は全国平均値である。全国の鉄道やバスの大半は、1 両あたりの乗客数が多い、つまりは単位輸送量当たりの二酸化炭素排出量が低い大都市域を走っているため、全国平均値は大都市域に偏った値となる。逆に地方部の二酸化炭素排出量は全国平均値に比べ高く、特に利用の少ないローカル線では、自家用車を上回るような値となる地域もあることに注意が必要である。一方で、自家用乗用車の数値はやや地方部に偏った値となっている。渋滞のひどい大都市部は燃費が悪く二酸化炭素排出量は高い数値、渋滞のない地方では低い数値となるためである。渋滞が激しい地域が多い中核市クラスにおける公共交通の充実が、環境負荷軽減への貢献度が大きく効果的である。

以上より、自家用乗用車の利用を抑制し、交通渋滞を軽減する一方、公共交通の利用を促進し、1 つの車両により多くの乗客を乗せ輸送効率を上げることが、脱炭素化のためには有効であると言える。しかし、一度自家用乗用車の便利さに慣れてしまった人が公共交通に戻るのは容易ではないだろう。それには、移動に対する考え方やライフスタイルの変化が必要となるからである。

そこで、目標 12 の「持続可能な生産消費形態を確保する」のターゲットのひとつ、「2030 年までに、人々があらゆる場所において、持続可能な開発及び自然と調和したライフスタイルに関する情報と意識を持つようにする。」が意味を持つ。これはまさに私たちが、利便性優先ではなく「環境に配慮した輸送手段を選択する」という思考とライフスタイルへ転換していかなければならないことを意味していると解釈できるだろう。

目標 12　持続可能な生産消費形態を確保する

12.2：　2030 年までに天然資源の持続可能な管理及び効率的な利用を達成する。

12.8：　2030 年までに、人々があらゆる場所において、持続可能な開発及び自然と調和したライフスタイルに関する情報と意識を持つようにする。

目標 13 の「気候変動及びその影響を軽減するための緊急対策を講じる」もこれと同様な解釈ができるだろう。自家用車の排気ガスが気候変動に大きく影響していることは疑いない。この影響を軽減するために私たちが身近なところから始められる行動の変容は、自家用車の利用の抑制と、より環境負荷の低い交通機関へのシフトである。

目標 13　気候変動及びその影響を軽減するための緊急対策を講じる

13.2：　気候変動対策を国別の政策、戦略及び計画に盛り込む。

13.3：　気候変動の緩和、適応、影響軽減及び早期警戒に関する教育、啓発、人的能力及び制度機能を改善する。

また、目標7の「すべての人々の、安価かつ信頼できる持続可能な近代的エネルギーへのアクセスを確保する」の中では、「2030 年までに、世界全体のエネルギー効率の改善率を倍増させる。」というターゲットが示されている。こちらも、自家用車による環境負荷の低減という文脈で考えれば、

① 自家用車の環境性能の向上
② 自家用車からより環境負荷の低い交通機関へのシフト

が、有効な改善策と考えられるであろう。

目標 7　すべての人々の、安価かつ信頼できる持続可能な近代的エネルギーへのアクセスを確保する

7.2：　2030 年までに、世界のエネルギーミックスにおける再生可能エネルギーの割合を大幅に拡大させる。

7.3：　2030 年までに、世界全体のエネルギー効率の改善率を倍増させる。

高度経済成長期以降、私たちは移動手段に「便利なこと、安いこと」を求めてきた。その結果が、自家用車の普及と地方の公共交通の衰退である。確かに、時刻表を気にしなければならない鉄道やバスより、いつでも乗れる自家用車は便利だ。単身ならともかく、家族 4 人で一定距離を移動するなら、鉄道やバスの運賃よりガソリン代の方が安くなることもあるだろう。

現在の自家用車による便利な生活を手放すのはなかなか難しい。しかし SDGs の考え方が広まるにつれて、「多少不便でも、多少高くても」環境負荷が低い行動への支持は高まっていくだろう。日本においても、SDGs に関する教育は小学生から始まっている。人々のちょっとした意識の変化が大きな流れとなれば、環境負荷が低い公共交通が、再び輝きを取り戻す日が来ることも夢ではない。

参考文献

1　我々の世界を変革する：持続可能な開発のための2030アジェンダ（外務省仮訳）
2　国土交通省HP 「運輸部門における二酸化炭素排出量」

4.2. MaaSの有効活用

MaaSはMobility as a Service の略語で、「ひとつのサービスとしての移動」を意味する。2016年に北欧フィンランドで実証実験が始まった「AIや最新の情報通信技術などにより、さまざまな交通手段による移動をシームレスに繋ぎ、ひとつのサービスとして提供する」という概念である。欧州などではスマートフォンのMaaSアプリを利用した移動サービスが既に社会実装されている。日本では2019年が「日本版MaaS元年」と言われており、全国のさまざまな地域でMaaSの取り組みが始まったことにより、デジタルチケットやサブスクリプションが徐々に普及し、交通事業者やコンテンツプロバイダ（乗換検索情報提供事業者）による情報提供の内容や量も充実してきた1)。

スマートフォンやパソコンの地図アプリや乗り換え案内アプリ等で、鉄道やバスの移動ルートやダイヤの検索は広く利用されているが、座席の予約や料金の支払いは交通事業者ごとに個別に行う必要があるなど、利便性に欠ける面もある。その点、ルート検索から予約、そして支払いまでの一連のプロセスをワンストップで完結するMaaSは、鉄道、地下鉄、バスなどにとどまらず、飛行機やタクシー、シェアサイクルやライドシェアサービス、レンタカーなど、あらゆる移動手段が連携の対象となり得るうえに、地域課題解決のために、公共交通の枠を超えた発展的な利用も期待される。

図表 4-3　MaaSのレベル定義

レベル	レベル定義	内容	日本の事例	欧州の事例
レベル4	政策の統合	インフラ整備などの交通政策を、都市計画と整合性をもって策定		フランスの自治体の都市計画には、交通政策が統合されている
レベル3	サービス提供の統合	多様な移動手段を一元化して、定額制のパッケージとして提供	東京フリー切符などの1日乗車券(但しMaaSとして、他の交通手段情報とリンクしていない)	・Whim（フィンランド、英国、オランダ） ・Moovizy（仏国・サンテティエンヌ） ・EMMA（仏国・モンペリエ） ・Compte Mobilite（仏国・ミュールーズ） ・Pass Urbain（仏国・リヨン）
レベル2	予約・決済の統合	様々な移動手段の予約、決済、発券の統合化	沖縄MaaS実証事業（バス、モノレール、離島への船便などの情報統一とチケットの電子化）	・Moovel（ドイツ） ・フランスの地方都市における移動アプリ（すべての公共交通の経路検索と電子チケットや定期券の決済が可能。都市によってはシェアサイクル、シェアカー駐車場利用等も含む。民間タクシー情報などは含まない）
レベル1	情報の統合（経路や料金）	経路と料金情報が一元化されて表示	ナビタイム	・Citymapper ・Moovit ・Google Map
レベル0	統合なし	それぞれの交通サービスが分離して機能	東京の地下鉄 日本のタクシー	

出所：　ヴァンソン藤井由美（2021）　モビリティ基本法で提起されたフランスにおける移動の課題とその対処措置（第2回）『運輸と経済』第81巻 第8号 '21.8　（Jana Sochor他著「A Topological Approach to Mobility as a Service」に、ヴァンソン藤井由美氏が日本語と追加情報を加筆）

図表 4-3 は、スウェーデン・チャルマース工科大学の Jana Sochor 氏らが、MaaS を交通事業者等の統合の度合いによりレベル 0 からレベル 4 までに分類・定義したものである [2) 3)]。レベル 0 は交通事業者間での情報の統合がなく、各社が個別にサービスを提供している状態、レベル 1 は「情報の統合（経路や料金）」で、ひとつのアプリで複数の交通事業者の経路・料金や運行情報などを一覧表示することができる。レベル 2 は、「予約・決済の統合」で、予約と決済がひとつのプラットフォームで完結する状態を指し、レベル 3 は、「サービス提供の統合」で、利用者が複数の交通機関を意識することなく、あたかもひとつの交通機関を利用しているかのようにサービスを受けられる状態を指す。例えば複数の交通機関を統一料金で利用したり、定額乗り放題サービスを利用したりするイメージだ。レベル 4 は「政策の統合」で、国や自治体の都市計画に MaaS を組み込むことで、交通分野にとどまらず、さまざまな政策課題にも対応が可能となる。欧州などでは、予約・決済や移動サービスの統合を実現するレベル 2・3 の段階に達している地域もあるが、日本の現状は、一部を除き全体としてレベル 1 にとどまっていると言われる。

4.2.1. 公共交通の利用を促進する MaaS

国土交通省が推進する日本版 MaaS は、「地域住民や旅行者一人ひとりのトリップ単位での移動ニーズに対応して、複数の公共交通やそれ以外の移動サービスを最適に組み合わせて検索・予約・決済等を一括で行うサービスであり、観光や医療等の目的地における交通以外のサービス等との連携により、移動の利便性向上や地域の課題解決にも資する重要な手段となるもの」とされる [4)]。これは観光、物流、医療・福祉、小売、教育等の多様な周辺サービスを、一括して検索・予約・決済可能とするものであり、単なる交通利便性の向上にとどまらず、図表 4-4 にあるような、「公共交通の有効活用」や「外出機会の創出と地域活性化」といった地域が抱える課題の解決を含んだレベル 4 に相当するものである。

図表 4-4　日本版 MaaS のコンセプト

出所：　国土交通省 HP　日本版 MaaS の推進

単に交通手段だけではなく、さまざまな生活のニーズが、ひとつのプラットフォーム（アプリ）上で充足される世界が実現すれば、生活の利便性は大きく向上するだろう。特に地方では、公共交通は時間の縛りがあるため自家用車を利用しがちであるが、MaaS により公共交通を利用した生活の利便性の高さが認識されれば、自家用車利用から公共交通利用へのシフトが進むことも期待できる。

MaaS を利用した生活・・・自家用車に遜色ない利便性の実現

今日は美容院に行きたいが、その後、近所のスーパーにも寄りたい。
スマートフォンで MaaS アプリを開き、まずは美容院の予約。15:00～16:30 を仮登録する。
自宅近くのバス停発 14:00 のオンデマンドバスに乗車すれば、14:20 前後に駅前に到着、
14:30 発の路線バスに乗り換え、美容院には 14:50 に到着するらしい。これが良さそうだ。
スーパーを検索すると、美容室から 16:40 発の路線バスを利用して 20 分程度で到着と表示される。
OK のタップひとつで、美容院の予約とオンデマンドバスの座席予約、すべての決済が完了する。
アプリの「おすすめ」には、美術館での催しと公共交通代金がセットになったチケットが表示された。気になっている作家のものなので、週末友人を誘ってバスでおでかけしようと思っている。

図表 4-5　日本版 MaaS の方向性

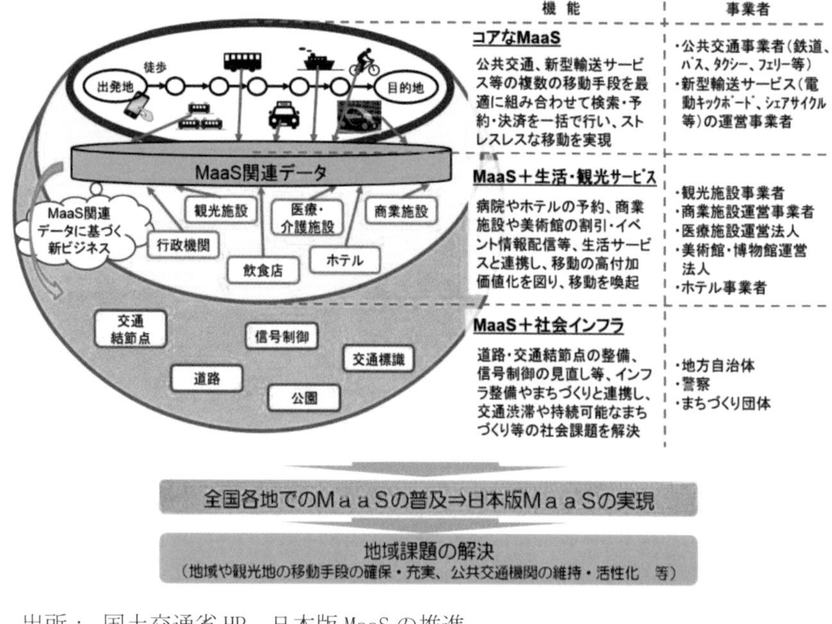

出所：　国土交通省 HP　日本版 MaaS の推進

このように、生活に必要なさまざまな事柄が、スマホアプリひとつで完結するというのが理想であるが、実現のハードルは高い。またこうした仕組みが社会インフラとして機能するためには、それなりの件数の周辺サービスがアプリ上に登録される必要があるが、小規模な事業者では、予約・決済システムへの接続料の負担に二の足を踏むところもあるだろう。複数の交通事業者をまとめるにとどまらず、生活・観光といった多様な周辺サービスの情報を一括し、MaaS に仕立てて運営していくには、自治体のリーダーシップと積極的な利用促進策が必要となるだろう。

4.2.2. 観光で活きる MaaS

MaaS 導入のメリットは観光業にも広く及ぶ。観光客から見てバスやタクシーでは行き方がわかりにくく、あまり注目されていない観光資源が地方には数多く眠っているため、複数の交通手段が MaaS によりシームレスに連係し、MaaS アプリにそうした隠れた観光資源を積極的に提案するような機能を持たせれば、地方の観光活性化に繋がるだろう。個人旅行を好む外国人旅行客は移動手段が公共交通メインとなるため、MaaS アプリを多言語対応させることで、地方へインバウンドを呼び込む効果も期待できる。また、公共交通のチケットだけでなく、観光案内や観光地の割引チケットなどを統合することで、より効果的な観光プロモーションと誘客も可能となり、観光案内所で、言語ごとに大量のパンフレットが並ぶ様子が一変するかもしれない。

日本旅行と小田急電鉄は、観光型 MaaS を進化させた旅行商品を発売している。これは日本旅行が提携

する宿泊先に、新幹線の乗車券・特急券を付帯した「国内旅行商品」と、小田急グループの箱根周遊をお得に楽しめる「デジタル箱根フリーパス」とをセットにしたweb限定商品で、宿泊・新幹線・デジタル箱根フリーパスをまとめて予約・購入できることに加え、旅行当日はスマートフォンひとつで箱根エリアを周遊できるなど、利便性の高いサービスを実現している。

図表 4-6 MaaSにより箱根地区の観光利便性を向上させた取り組み

出所： 株式会社日本旅行・小田急電鉄株式会社 プレスリリース

多くの旅行者がweb等で事前に現地の情報を収集する時代であるが、それはwebの検索結果次第で、旅行者の行動が変わる可能性があることを意味する。公共交通を積極的に利用した地域観光の活性化に、MaaSは大きな役割を果たすものと考えられる。

4.2.3. ローカルMaaS導入の前に

利用者、地域、交通事業者ともにメリットがあるように思えるMaaSだが、AIオンデマンド交通などを含め数多くの実証実験が実施されている割には、その後の実装に至った地域は少なく、地方でのMaaSの取り組みは十分な成果に結びついていないと言われる。一般社団法人JCoMaaSはその原因として、①導入を試みたツールやシステムと現地の環境（地理的条件、ユーザー像等）のミスマッチ、②組織面での連携体制の不足、③ノウハウの不足、④MaaS推進のための財源の不足を挙げる[1]。

MaaS導入以前の話として、地域の公共交通が住民や観光客にとって便利に利用できる状態になっていることが何より重要である。いかにMaaSアプリが優れていても、肝心の公共交通が利用者にとって便利なものでなければ、利用者の増加は期待できないからである。駅に到着しても、乗り継ぎのバスが来るまで2時間も待つようでは、観光客は来ないだろうし、自家用車をやめて公共交通に乗り換えようという気にもならないだろう。そのような状態でMaaSを導入しても、交通が不便な地域という印象が広がるだけで終わってしまう。MaaSはその地域で、公共交通の利便性が確保されていることを外部へ増幅して発信する役割を果たすツールとも言える訳で、十分に磨き上げられた地域の公共交通があってこそ、地域課題の解決や地域観光の活性化といった社会的な課題の解決に、本来の力を発揮し得るものと考える。

参考文献

1 一般社団法人JCoMaaS 「2021年度 JCoMaaS活動報告書」
2 森本章倫（2022）「コンパクトシティとラストワンマイルの関係性」『運輸と経済』 第82巻 第2号 '22.2
3 ヴァンソン藤井由美（2021）「モビリティ基本法で提起されたフランスにおける移動の課題とその対処措置（第2回）」『運輸と経済』 第81巻 第8号 '21.8
4 国土交通省HP 「日本版MaaSの推進」

4.3. クロスセクター効果

公共交通を「収益事業」ととらえるならば、それ単独で収支を計算し、黒字ならば事業継続、赤字ならば事業撤退と考えることになる。しかし実際のところ、公共交通は、道路や橋などと同様に「社会資本」、いわゆる社会インフラと位置づけるのが適当であろう。道路や橋は、高速道路等を除けばその利用にあたって利用料を直接徴収することはない（できない）が、その便益は社会全般に幅広く及ぶため、財政支出をして地域はこれを設置、維持している※。鉄道やバスといった地域公共交通も、利用者から直接料金を徴収している点が異なるが、その便益は道路や橋と同様に社会全般に幅広く及ぶ。

※ 日本では、自動車の取得者、保有者、利用者から徴収する自動車関連諸税を、道路整備等に充当する道路特定財源制度が長年存在し、間接的に利用料を負担してきた。しかしそれで全額をまかなうことまでは考えられておらず、現在道路特定財源制度は廃止となっている。

国内の地方交通事業の大半は赤字運営（運行費用を運賃収入で補えない状態）であり、その運行のために多額の財政支出（補助金）が充てられている。これは通常赤字補填の位置づけであるが、鉄道やバスが、道路や橋のような社会資本であるという認識に立てば、その維持、存続に税金が充てられることに、それほどの違和感を覚えることはないだろう。ただし、公金が支出される以上、その有効性は厳しく見るべきであり、明らかにオーバースペックな公共交通を維持するために多額の財政支出を継続することは避けなければならない。

すると、現在の公共交通の在り方＝財政支出の金額が適正か否かを判断する必要が生じる。社会的便益は、「地域の役に立っているようだ」、「利用者が喜んでいるようだ」という感覚的なものではなく、貨幣価値などにより定量評価されるべきである。ただし、そのための方法はいくつか提案されているものの、実務への適用性や評価の不確実性に問題があり、感覚的な判断を行うしかない状態だった。そこで近年、「クロスセクター効果」を貨幣価値で計測して政策判断に役立てるという手法が広まってきた。

4.3.1. クロスセクター効果の概念

公共交通機関のクロスセクター効果とは、当該交通機関が廃止された場合に必要となる、多様な行政部門の施策の費用を算出して当該交通機関の多面的な効果を把握するものである。以下の計算によって貨幣価値での評価を行う。

クロスセクター効果 ＝ ①分野別代替費用の合計 － （ ②財政支出 ＋ ③事業損失額 ）
＝ ①分野別代替費用の合計 － いわゆる赤字相当額

図表 4-7　クロスセクター効果のイメージ

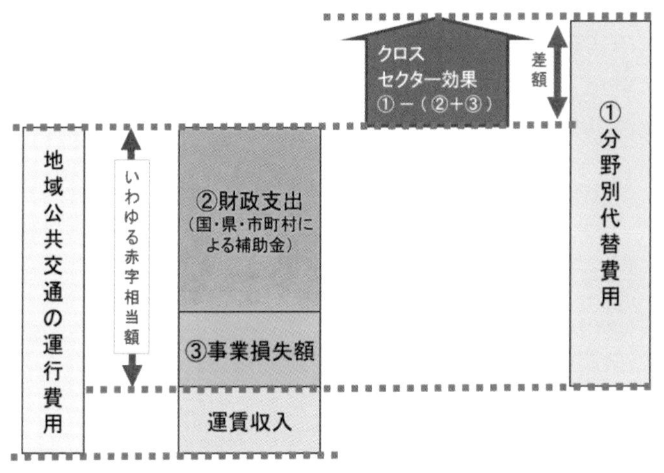

十六総合研究所作成

①分野別代替費用とは、当該交通機関が廃止された場合に医療、教育、建設など、幅広い分野（図表 4-8 参照）において、それぞれのレベルを従前並みに保つために追加的に必要となる費用である。クロスセクター効果がマイナスならば、当該交通事業を廃止し、見積もられた代替策を実施した方が行政全体のコストを下げることが可能と判断される。

なお、本来的に社会的便益は、廃止による利用者便益の喪失によって評価されるべきであり、クロスセクター効果が評価する行政費用の増加額とはイコールではないことに留意が必要である。

図表 4-8　鉄道やバスの廃止に伴う行政費用の増加

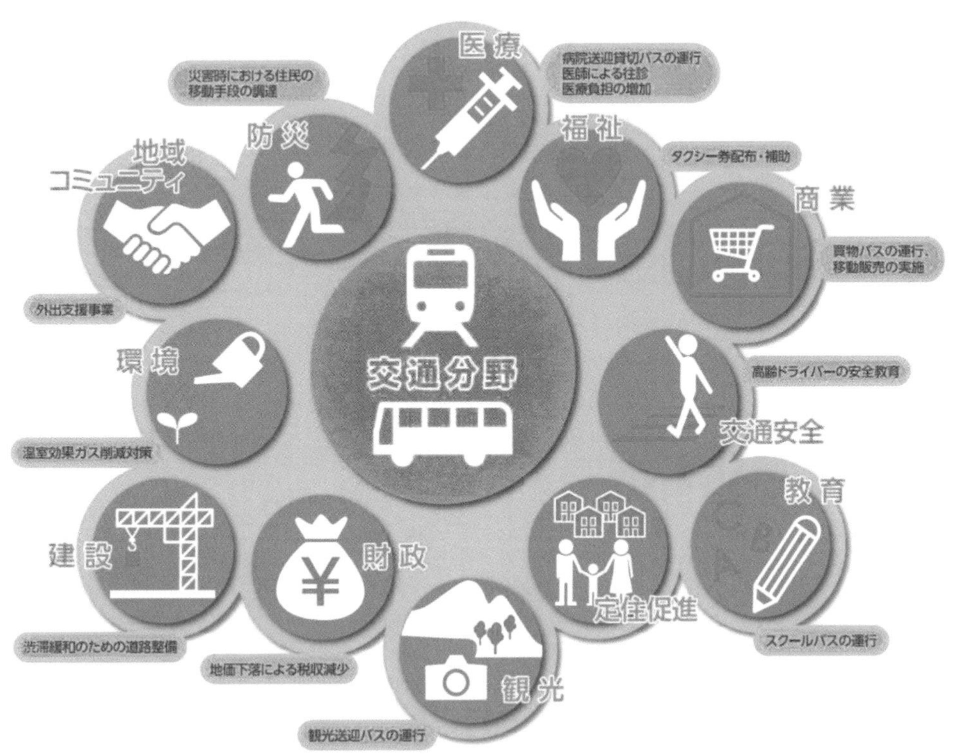

出所：　近畿運輸局　地域公共交通 赤字＝廃止でいいの？

4.3.2. クロスセクター効果の計算

次に近江鉄道の実例を参考に、まずは分野別代替費用の計算方法を把握したうえで、クロスセクター効果の算出過程を見てみたい。

【分野別代替費用の計算例】

① 追加経費が発生する場合

計算例：鉄道廃止の代替処置として病院送迎貸切バスを運行する
病院送迎貸切バス運行費用［円/年］ ＝貸切バス利用料金［円/日］×年間運行日数　（平日）［日/年］ ＝ 61,967 円/日 × 245 日/年 ＝ 15,181,915 円/年

② 税収減少など、数値化可能なネガティブな事象が発生する場合

計算例：鉄道廃止に伴う土地の価値低下等による税収減少
土地の価値低下等による税収減少額［円/年］ ＝影響エリア内の土地の固定資産税及び都市計画税［円/年］ × 土地の価格低下率［%］ ＝ 928,130,357 円/年 × 1 % ＝ 9,281,304 円/年

①は、鉄道を廃止した場合、その代わりに自治体が新たに負担することになる費用であり、②は、鉄道を廃止した場合、それに伴う経済的な損失を表している。それぞれ、①は鉄道があることで支払う必要がない金額、②は鉄道があることで得られている追加的な税収を意味しており、鉄道が存続することによる経済的な価値を表していると考えられる。

図表 4-9　近江鉄道線のクロスセクター効果

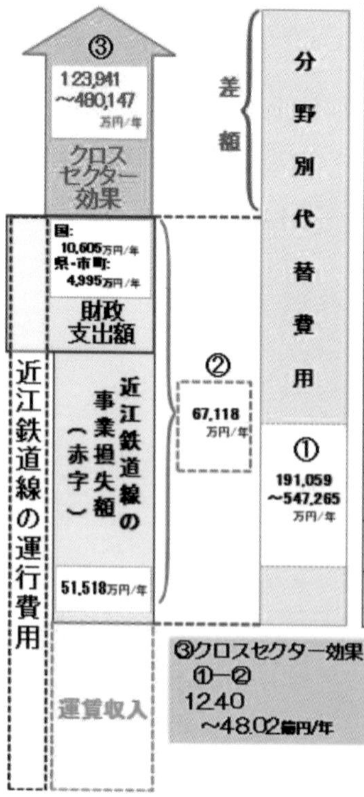

③
123,941
～480,147
万円/年
クロスセクター効果
差額
分野別代替費用
国：10,605万円/年
県・市町：4,995万円/年
財政支出額
近江鉄道線の事業損失額（赤字）
51,518万円/年
近江鉄道線の運行費用
②
67,118
万円/年
①
191,059
～547,265
万円/年
運賃収入

分野	近江鉄道線が廃止された場合に追加的に必要となる行財政負担項目	施策実施費用	分野別代替費用 最小値	分野別代替費用 最大値
医療	病院送迎貸切バスの運行	1,518 万円/年	最も小さい費用を採用 1,518 万円/年	最も大きい費用を採用 11,175 万円/年
	通院のためのタクシー券配布	8,379 万円/年		
	医師による往診	11,175 万円/年		
	医療費の増加	13,056 万円/年	13,056 万円/年	
商業	買物バスの運行	2,262 万円/年	最も小さい費用を採用 2,262 万円/年	最も大きい費用を採用 6,278 万円/年
	買物のためのタクシー券配布	6,278 万円/年		
教育	貸切スクールバスの運行	17,350 万円/年	最も小さい費用を採用 17,350 万円/年	最も大きい費用を採用 358,316 万円/年
	通学のためのタクシー券配布	358,316 万円/年		
観光	観光地送迎貸切バスの運行	2,261 万円/年	最も小さい費用を採用 694 万円/年	最も大きい費用を採用 2,261 万円/年
	観光タクシーの運行	694 万円/年		
福祉	通院・買物・観光以外での自由目的のためのタクシー券配布	21,391 万円/年	21,391 万円/年	
財政	土地の価値低下等による税収減少	928 万円/年	928 万円/年	
建設	道路混雑に対応した道路整備	133,860 万円/年	133,860 万円/年	
	分野別代替費用の合計		191,059 万円/年	547,265 万円/年

③クロスセクター効果
①−②
12.40
～48.02億円/年

②近江鉄道線の
国・県・市町の財政支出と
事業損失額の合計
6.71億円/年

<

①近江鉄道線の
分野別代替費用
19.11～54.73億円/年

出所：　近江鉄道沿線地域公共交通再生協議会（2020）　クロスセクター効果分析調査報告書

図表 4-9 は滋賀県の近江鉄道沿線地域公共交通再生協議会が令和 2 年 3 月に作成した、クロスセクター効果分析調査報告書の一部である。近江鉄道は、運賃収入で運行費用を賄えず、実質年間約 6 億 7,000 万円の赤字となっており、国や県・市町から約 1 億 6,000 万円の補助を得てもなお、年間約 5 億 2,000 万円

の事業損失が生じていた。同協議会が算出した近江鉄道の分野別代替費用は、年間19億円～55億円程度と、同鉄道の赤字額をはるかに上回っており、クロスセクター効果は少なく見積もっても 12 億円以上にのぼる。この結果から、滋賀県は近江鉄道を廃止せず、上下分離のうえ存続させる方向で調整に入った。

公共交通が存在することによる、他の行政分野へのプラスの影響は非常に幅広い。クロスセクター効果は、そのうち代替費用の計算が可能な部分を金額換算することで算出が可能となる。例えば医療・福祉や商業分野では、公共交通が廃止された場合に同レベルの行政サービスを実施するための費用が比較的見積もりやすい。これに対して、交通安全や定住促進、環境、防災、建設、コミュニティなどの分野では、代わりに何をすべきか検討する段階で選択肢が幅広く、そのための費用の見積もりは容易ではない。

図表 4-10 クロスセクター効果を構成する分野別代替費用

代替費用の計算が可能な項目

行政分野	公共交通機関 廃止の影響	新たに必要となる対策
医療 福祉	交通弱者の通院手段 介護者による送迎手段 家族のお見舞い手段	病院送迎バスの運行 医師による往診 タクシー券の配布
	外出機会の減少	さらなる介護予防事業 医療費の増大対策
商業	買い物手段	タクシー券の配布 移動販売の充実
教育	通学手段	スクールバスの運行
観光	観光地への移動手段 地域の魅力	貸切バスの運行 タクシー券の配布
財政	利便性低下による 土地の価値の低下	税収の減少

代替費用の計算が難しい項目

行政分野	公共交通機関 廃止の影響	新たに必要となる対策
交通安全	高齢者ドライバーの増加 （免許返納できない人）	高齢者ドライバーの安全教育 高齢者事故の増加
定住促進	職場への通勤手段 生活しづらい地域へ変化	人口流出対策 マイカー購入補助
環境	車へのシフトによる 温室効果ガスの増加	さらなる環境対策
防災	災害時の輸送手段	災害時の避難手段の確保
建設	道路への交通の集中 自動車利用の増加	混雑に対応した道路整備 駐車場の整備
コミュニティ	会合・コミュニケーションの 機会の減少	さらなる外出支援事業

十六総合研究所作成

4.3.3. クロスセクター効果の利用

ここまでは路線を廃止するか否かの判断材料としてのクロスセクター効果の活用について見てきた。しかし、クロスセクター効果の分析は、以下のような場合での政策決定の判断材料としての利用も可能だ。

追加的費用の支払いの是非

公共交通運営にあたり追加的費用の発生を伴う施策の実施を検討する場合（運転手の処遇の改善、バス停などの施設の改修など）、施策実施に伴う費用と、そのメリットも考慮した分野別代替費用から計算したクロスセクター効果が正の値を取るなら、その施策の実施にそれなりの妥当性を見出せる。

新路線の増設や変更

新路線の増設や既存路線のルート変更を検討する場合、当該施策実施に伴う運賃収入や運行費用の増減と、メリット・デメリットも考慮した分野別代替費用から計算したクロスセクター効果が正の値を取るなら、その施策の実施にそれなりの妥当性を見出せる。

前述したように、公共交通の廃止による影響（社会的便益）は、本来、それがさまざまな分野に及ぼす外部効果を貨幣換算したもの（クロスセクター便益）で計るべきであるが、これが難しいため、比較的計測しやすい行政コストの増加額で代替する方法（クロスセクター効果の測定）が主流となった。しかし、廃止時には社会的コストの削減になるはずの交通事業者の赤字分（補助金で補填した後も残る分）が計算上考慮されていないため（行政の負担部分しか見ていないため）、クロスセクター効果が過大に計上されること、分野別代替費用が現状のサービスレベルの維持を前提として、タクシーなど割高になりがちな既存のサービスで代替した場合の金額で見積もられることなど、妥当とは言えない面が少なからずある点には留意が必要である。

参考文献

1　西村和記、東徹、土井勉、喜多秀行（2019）「クロスセクター効果で測る地域公共交通の定量的な価値」『土木学会論文集』D3(土木計画学）Vol.75　No.5（土木計画学研究・論文集第36巻）

2　近畿運輸局（2018）「地域公共交通 赤字＝廃止でいいの？」

3　近江鉄道沿線地域公共交通再生協議会（2020）「クロスセクター効果分析調査報告書」

4　公共交通トリセツ HP

5　滋賀県 HP 「近江鉄道線のあり方検討」

4.4. 地域経済への貢献度（付加価値の地産地消）

市町村や都道府県をひとつの地域と考えた場合、住民が公共交通を利用する場合と自家用車を利用する場合で、地域経済への影響に差は生じるだろうか。中島らの研究 [1] は、地域経済への貢献度においても、公共交通は自家用車に対して優位にあることを示している。

同研究によれば、熊本市民がモビリティへ支出した金額のうち、熊本市内にとどまる割合（以下、帰着率と言う）は、公共交通（熊本市電）の場合59.91%であり、残る40.09%は市外へ流出している。一方、自家用車の帰着率は39.98%と公共交通より低く、市外へ流出した割合は60.02%と、公共交通の1.5倍の市民の富が市外へ流出している。したがって地域経済への貢献度という観点からは、市民がモビリティへ支出した金額のうち、より多くが市内に残る公共交通の方が、自家用車に比べ優れていると考えられる。

公共交通と自家用車で帰着率が大きく異なる理由は、利用者が支払った金額の支払先の相違による。公共交通の場合、利用者の支払った金額（運賃）の半分以上は、人件費として運転手や従業員（市内に居住すると仮定）に支払われるため熊本市内に残る。一方、自家用車の場合は、利用者の支払った金額の約半分は車両本体価格であるが、そのうち地元販売店や、市内の輸送用機械器具製造業者へ帰着する部分はさほど大きくないため、大半が市外へ流出することになる。このため、自動車産業が集積する愛知県のような特殊な地域を除き、産業構造などが熊本市・熊本県

図表 4-11　熊本市電と自家用車の年間支出内訳

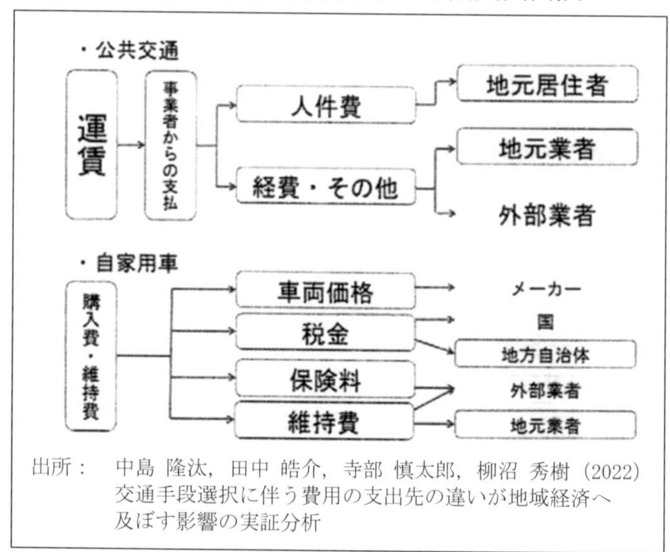

出所：　中島 隆汰，田中 皓介，寺部 慎太郎，柳沼 秀樹（2022）交通手段選択に伴う費用の支出先の違いが地域経済へ及ぼす影響の実証分析

に比較的近い多くの地域においては、自家用車より公共交通の方が地域経済への貢献度が高いと言える。

同研究では、熊本市電（路面電車）を例に分析を行っているが、交通事業者の支出に占める人件費の割合はバスで６割程度、タクシーで７割程度であり、バスやタクシーでも市電と同水準以上の帰着率が期待できるだろう。もっとも著者も指摘するように、各交通手段への支払額は、個人の利用状況や世帯人数によっても大きく異なるため、利用実態を加味した分析が今後の課題である。

人口減少により地域経済の衰退が懸念されるなか、自家用車の積極的な利用は、車両の本体価格（→車両メーカー）やガソリン代（→産油国）の支払いなどにより、住民の所得が域外へ流出することを促進してしまう側面があると言える。公共交通の利用により地域内での資金循環を増やすことも、持続可能な地域づくりという視点から大切である。

参考文献

1　中島隆汰、田中皓介、寺部慎太郎、柳沼秀樹（2022）「交通手段選択に伴う費用の支出先の違いが地域経済へ及ぼす影響の実証分析」『土木学会論文集』D3（土木計画学）78 巻　(2022) 6 号

2　経済産業省　工業統計調査　産業別統計表〔概要版〕(2018)

4.5. 自動運転の未来

公共交通が抱える大きな問題として「運転手不足」が挙げられる。募集をかけても人材が集まらず、バスの減便を余儀なくされたり、タクシー事業者が撤退して交通空白地域ができてしまったりしたという事例も事欠かず、有効な解決策を見出すことは難しいのが現状だ。そこで、自動運転車の導入により、運転手不足の問題が改善することが期待されているが、少なくともここ数年というスパンでは、有人運転と同等の運行は困難であると見込まれる。しかし数十年という単位で考えれば、自動運転車は、公共交通維持の切り札となる可能性を秘めている。

図表 4-12 自動運転化レベル

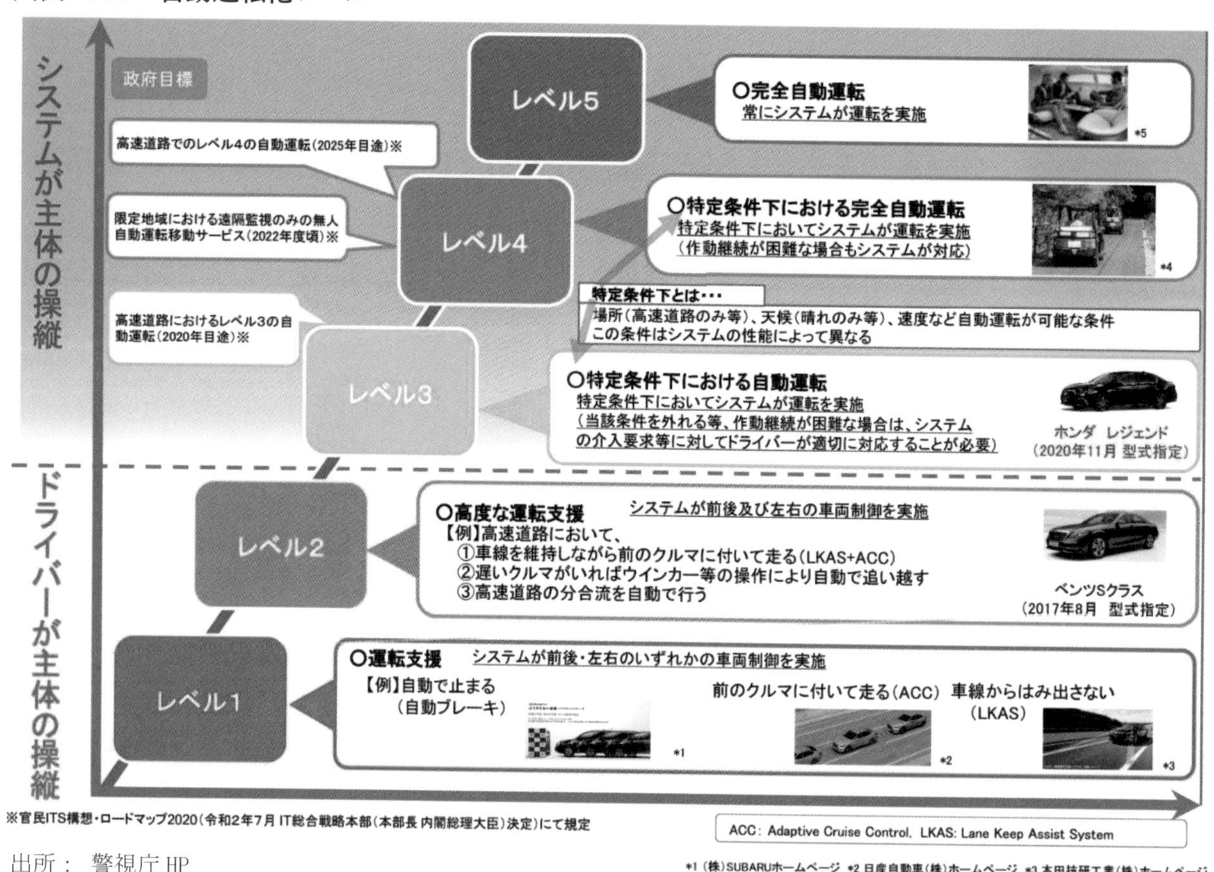

出所： 警視庁 HP

自動運転には 5 つの段階が定義されている（図表 4-12）。レベル 1、2 は「運転支援」という位置づけで、運転の責任はあくまでオペレーター（運転手）にある。国内で実施されている実証実験の多くはレベル 2 にあたり、自動運転車両に同乗したオペレーターが、自動運転での対応が難しい状況では運転に介入し、安全を確保する。レベル 3 になると、走行地域や天候など限られた条件下でシステムが自動運転を行うが、緊急時にはオペレーターが対応する。レベル 4 になると一定の条件下で、レベル 5 ではあらゆる条件下でシステムが完全自動運転を行うため、オペレーターは不要となる。

個人が所有する自家用車の自動運転と、バスやタクシーといった公共交通機関の自動運転では、やや事情が異なる。個人が所有する自家用車に関しては、少なくとも運転免許を持つドライバーが乗車し、トラブルが生じた場合、まずは運転手がこれに対応する暗黙の前提がある。この点で、自動運転システムはあくまで運転手の仕事を代行しているにすぎない。一方、公共交通機関においては、乗客は運転手ではなく、交通サービスを受ける立場にある。トラブルが生じた場合は、まずは交通事業者がこれに対応しつつ、乗客の安全を確保する責任を負う。以下は交通事業者側から見た、自動運転を普及させるうえでの課題をまとめたものである。

自動運転を普及させるうえでの課題

課　題	内　容
非常時の対応	車両が故障した際や、GPSや通信設備の不調で車両が稼働しなくなった場合、乗客は免許を持っていない可能性もあり、また乗客が誰も乗車していない状態で車両だけが走行しているという場合もある。同時に複数の車両にトラブルが生じた場合や、通信障害が生じた場合、集中管理のためのセンターから遠く離れた場所でトラブルが生じた場合の対応なども検討が必要である。
想定外の事象	人間のドライバーには期待出来る臨機応変な対応を、システムがどこまでできるか（あるいは、遠隔監視などで対応できるか）。
事故発生時の対応	自動運転車が事故を起こした場合、特に人命に影響するような大事故の場合、誰がどのように対応し、責任を取り、補償するか。万一、交通事業者の責任となるような大事故が発生すると、中小規模の地方交通事業者は経営の継続が困難になる。
事故時の責任	藤田[1]は、自動運転車のユーザーが、自動運転装置の安全性をコントロールできる立場にはないにもかかわらず、事故リスクの最終的な負担者となり得る点を指摘する。自動車損害賠償保障法上、自動運転車による人身事故の被害者が運行供用者（運転を委ねている者も含む）を訴えた場合、運行供用者は自動運転車の構造上の欠陥・機能の障害がなかったことを証明できない限り責任を負うが、他方、運行供用者が自動車メーカーに対して求償する場合には、事故が自動運転車の欠陥によって生じたことを立証しなければならないからである。 一方、損害保険ジャパン株式会社等は、2022年2月にレベル4以上に対応し、自動運転導入事業者が事業に活用する自動運転車に対して、自動運転システム提供者が保険を付保する「自動運転システム提供者専用保険」を開発した[2]。本保険では一定の条件のもと、事故発生時の責任の主体をシステム提供者として捉え、保険の事故対応を進めることで、迅速かつ納得感のある被害者救済を実現するもので、交通事業者の不安軽減に役立つものと思われる。 自動運転技術は、人間に比べはるかに安全な運転を提供するとされているが、それでも事故を完全に排除することは不可能であり、事故の際のリスク負担については今後も丁寧に検討していく必要があると考える。

地域の交通事業者に対するヒアリングをもとに十六総合研究所作成

また、地方の公共交通、バスやタクシーを自動運転化しようとした場合、その環境や道路条件の悪さなどから、課せられるハードルは高くなると考えられる。

地方の道路を走行する際に想定される自動運転の課題

課　題	内　容
動物などの飛び出し 予期せぬ障害物	山間部では、道路への動物の飛び出しや、岩や土砂などの道路への落下などが頻繁に発生する。シカやイノシシなどの大型動物が衝突しそうになった際、自動運転車がこれを避けることが可能か、または実際に衝突した際の対応、道路上の予測できない障害物への対応などに懸念がある。
悪路への対応	未舗装の道や舗装の劣化など、道路の状態を適切に判断し走行する必要がある。後述する自動運転車「アルマ」では障害物は探知できるものの、道路の凹みは探知できない。

狭い道でのすれ違い、譲り合い（あうんの呼吸）	狭い道でのすれ違い、譲り合いは、ドライバー同士の「あうん」の呼吸が必要である。お互いの位置や道幅の把握、すれ違いができそうな場所の特定などは、非常に高度な判断と相互のコミュニケーションが必要である。
雪道への対応	雪が積もった道路、アイスバーンなど、人間でも運転に習熟が必要な厳しい自然環境に、自動運転がどこまで対応できるかという懸念がある。
チェーン装着の負担	散発的に降雪に見舞われる地域では、バスやタクシーにチェーンを装着する必要が生じる。通常はドライバーが対応しているが、無人の自動運転車の場合、チェーンを装着するための人材を不定期に（降雪のたびに）確保しなければならない。

地域の交通事業者に対するヒアリングをもとに十六総合研究所作成

自動運転については、技術面のみならず法的な整備も徐々に進んできており、今後、欠点や問題点をひとつひとつクリアするなかで、条件の整ったところから段階的に普及が進むことが考えられる。現行の道路交通法ではレベル3までが認められており、渋滞時の高速道路など一定条件下でシステムが自動運転し、緊急時はドライバーが責任を持って運転する。2021 年にホンダのレジェンドが同機能を搭載する車として認定されたが、自動運転システムは時速 60km までしか作動しないという制限がある。

政府は、2023 年 4 月 1 日よりレベル 4 の運行許可制度を盛り込んだ改正道路交通法の施行を決定しており、車両内か遠隔で監視にあたる「特定自動運行主任者」の配置などを条件に、レベル 4 の公道走行が解禁される（自家用車は対象外)。同主任者は運転免許の保有は必須ではないとされており、運転手が不足するなか、地域交通を存続させるための有力な手段となり得る。当面は人口減少地域で遠隔監視のもと、特定のルートを無人走行する巡回バスなどでの利用が想定されており、政府は 25 年度をめどに全国 40 か所に拡大する目標を掲げている [3) 4)]。

自動運転というと、レベル 4 やレベル 5 に相当する無人のバスやタクシーが町を縦横無尽に走る様子を想像する人が多いだろう。それに比べると、有人のレベル 2 やレベル 3 では、自動運転導入のメリットはそれほど大きくない。だが一方で、システムのサポートによる運転手の身体的・精神的負担の軽減や、運転免許を持たない人も運転（に相当する）業務を担えることで運転手の門戸が広がり、運転手不足の問題解決の一助となることに期待する交通事業者もいる。

続いて、国内における自動運転の導入事例を見ていく。

国内の導入事例

レベル 2

茨城県境町の自動運転バス ARMA
出所： 茨城県境町 HP

茨城県境町では、2020 年 11 月より自動運転バスを 3 台導入し、生活路線バスとして定時・定路線での運行を行っている。現状は「信号連携」と「路上駐停車の回避」のシステム対応が難しく、オペレーターが同乗するレベル 2 となっている。自治体が自動運転バスを公道で定常運行するのは国内初のケースであったが、運行開始後、路線の拡張や MaaS アプリによるオンデマンド運行の実証実験を行うなど、利便性の向上に努めている [5) 6)]。

レベル3	福井県永平寺町では、2021年3月より国内で初めて、遠隔監視・操作型の自動運行装置を備えたゴルフカート型の車両によるレベル3の運転と、「1人の遠隔監視者が3台の自動走行車両を運行する」1：3の運行体制を実現した。無人運行するのは、経営難で廃止された旧京福電気鉄道永平寺線の廃線跡を自転車・歩行者専用の町道として整備した約2kmの遊歩道であり、道路に敷設した電磁誘導線上を追従しながら周辺の交通状況を監視し、最大時速12kmで自動走行する。走行ルートが完全に固定されており、他の車両が混在する一般道とは異なる、比較的安全の確保がしやすい環境である点が特徴である。冬季は、路面の積雪や凍結を考慮し運休となるなど、年間を通じて安定的な稼働が必要となる区間での運用には向かないといった課題はあるものの、観光客の大本山永平寺までの移動手段として活躍している[7)8)]。  出所：　国土交通省HP

このように、公共交通における自動運転は実証段階にあり、本格的な社会実装までには時間がかかりそうな状況にあるが、今後の技術開発や法整備の進展により、段階的に導入が進んでいくものと考えられる。

自動運転の導入コストは、決して安いものではない。自動運転システムは、自車の自己位置推定の方法から「路車協調型」と「自律型」に分類できるが、前者は道路面へ電磁誘導線や磁気マーカーを埋設する費用が1km当たり500万円程度かかる。後者は高精度3次元デジタルマップの作製に数百万円の費用が必要であり、道路周囲の立ち木などの自然環境の変化に応じて定期的な更新が必要となるほか、国内各地で利用されている仏ナビヤ社製の小型バス「アルマ」は1台4,000万円、月々のサービス費用が80万円ほどかかるなど、本格的な普及にはコスト面での課題もある[9)]。

10年単位の長期的な視野に立てば、AIや自動運転技術の進化は、私たち人間による運転と遜色ない水準に達する期待が持てるだろう。しかし乗り越えるべき壁は高く、日本中のバスやタクシーが自動運転車に完全に入れ替わるということは非常に考えにくい。この点で、自動運転技術は既存の運転手を排除していくものではなく、それぞれの強みを生かしながら共存していく存在となるのではないかと考える。

参考文献

1　藤田友敬（2022）「自動運転と法」『運輸と経済』 第82巻 第7号 ’22.7
2　損保ジャパンHP 「レベル 4 自動運転サービス向け「自動運転システム提供者専用保険」の開発」
3　市川嘉一（2022）「自動運転、「エラー」前提に議論を」『運輸と経済』 第82巻 第5号 ’22.5
4　日本経済新聞　2022年12月21日朝刊
5　茨城県境町HP
6　茨城県境町 「茨城県境町におけるNAVYA ARMAを活用したまちづくりについて」
7　国土交通省HP 「国内初！　遠隔型自動運転システムによる自動運転車（レベル3）の認可について」
8　福井県永平寺町HP
9　古川修（2022）「自動車の進化と自動運転技術実用化の課題」『運輸と経済』 第82巻 第7号 ’22.7

※ 次ページからの「特別レポート」は、弊社機関誌「経済月報」2022年12月号に掲載されたものです。

Special Report
【特別レポート】

岐阜市 自動運転バス 試乗レポート

未来を感じさせる乗り物

岐阜市は公共交通への自動運転技術の導入に向け、2022年10月より約1か月間、小型の自動運転バスを公道上で走らせる実証実験を実施した。市は2019年から毎年実証実験を重ねており、昨年も市役所と岐阜駅を結ぶ中心市街地を周遊するルートで、9日間の実証実験を行っている。今年はこれに、岐阜公園や川原町界隈などの古い町並みを周遊する「岐阜公園ルート」を新たに加え、さまざまな道路状況で車両が安定して走行できるかを確認した。本年度の事業費は当初予算で9,700万円。

※十六フィナンシャルグループの村瀬会長と自動運転バス「アルマ」（岐阜市役所にて）

1 中心市街地ルート試乗

岐阜市役所のバス停で待機していると、前方から小型のバスが近づいてくる。バスは目の前で停止するが、モーターで動くEVであるため、走行音も停車音も非常に静かだ。「かわいい」とささやく声が周囲から聞こえる。

使用車両

実証実験に使用する車両は、昨年と同じく仏ナビヤ社製の小型バス「アルマ」。定員は11名であり、一般のバスに見られるようなハンドル、アクセル、ブレーキペダルといった走行に必要な制御装置はない。このため運転席もなく、前後とも全く同じデザインとなっている。8時間の充電で約200kmを走行できる。

早速、アルマに乗車する。床は極めて低く、路面より一段高いバス停から、ほぼ段差なしで乗り込める。車内には小型のディスプレイがあり、そこで顔認証を行う。マスクをしていても人物の特定が可能で、筆者の名前が表示されたのには驚いた。

顔認証

乗車時にカメラで認識した画像と、事前に登録しておいた対象者の顔データを照合し、誰がどのバス停から乗降したかを記録するシステム。将来は料金精算などが顔パスで可能となるほか、防犯の観点からも乗客に安心感を与える。乗降データは交通施策に有効に活かすことができる。

カランカランという軽快な電子音を鳴らしつつ、バスはゆっくりと動き出す。この音は、ヨーロッパの公共交通が実際に鳴らしている音を模しているらしい。走行音が静かなため、周囲にバスの存在を知らしめる意味もあるのだろう。

バスは交差点で自動停止する。停止線の少し前から徐々に徐行し、交差点直前で静かに停車、この感覚は普通のバスと変わらない。

レベル2運転

今回の実験はレベル2相当、運転は基本自動であるが、常にオペレーターが安全を確認し、危険を回避する義務を負っており、事故の責任は人（オペレーター）の負担だ。ちなみにレベル3は、自動運転中の責任は車（システム）が負担し、非常時のみ人が運転に介入するもので、日本ではHONDAのレジェンドが限られた状況下で許可されているにとどまる。当面の目標はレベル4の、運転手が乗車していなくても、特定条件下でシステムが完全に自動運転を行う状態を実現することである（来年4月の道路交通法改正で公道走行解禁予定）。

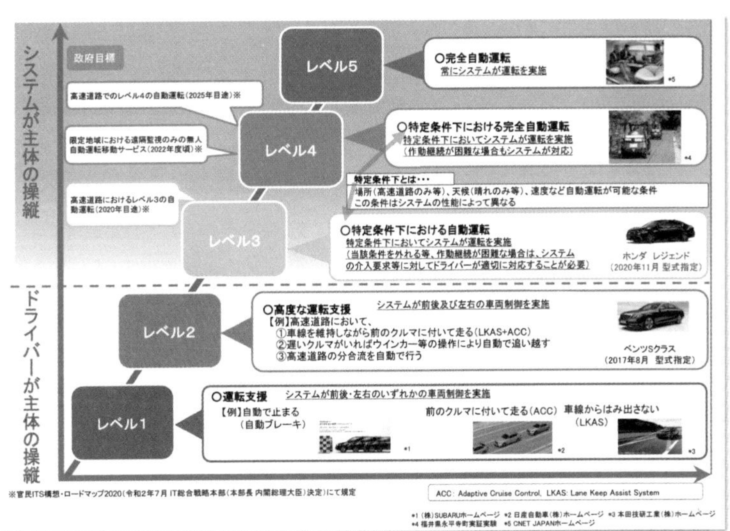

※ 運転自動化のレベル　出所：警察庁

※明るく開放的な車内

バスは岐阜市役所前を通過し、裁判所前の交差点を左折する。まさに「軽快」という言葉がふさわしく、大型バスとは異なる新鮮な感覚だ。先ほどの左折も、バスレーン上の走行も全く危なげない。路上での最高速度は時速19kmに抑えられていることもあり、乗車していても不安を感じなかった。

走行システム

走行に際しては、事前にコースを実際に走行して収集した三次元の地図情報と、センサーで把握した周囲の地形や建物の位置を照合しつつ、衛星利用測位システム（GPS）と携帯電話の基地局からの電波を利用して、数センチの誤差で自車の位置を把握しているという。

従って、バスがカメラで道路上の白線や停止線を認識し、自分でルートを判断しているわけではない。むしろ車道上に見えないレールが敷かれ、その上を車載センサーで安全を確認しながら忠実に走行していくというイメージだ。したがって、アルマを走行させるためには、事前に走行ルートを決定し、測量用の専用車両を走らせ、その経路の三次元地図を作製する必要がある。

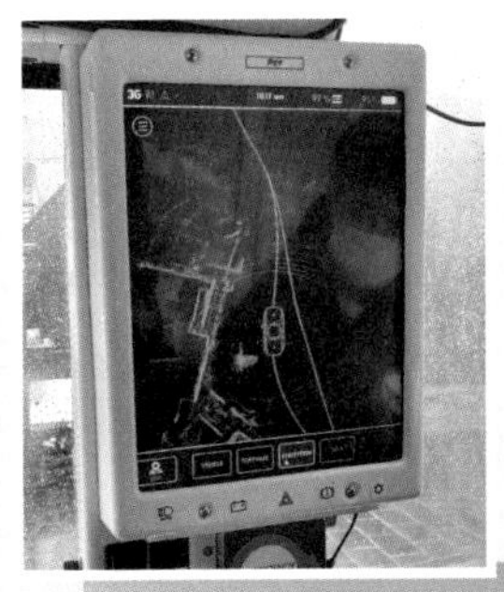

※システム上に登録された三次元地図（白色）と、センサーが把握した実際の地形や建物の形状（黄緑色）を常に照合させながら自車の位置を継続的に把握する。黄緑線は、システム上設定された走行ルートであり、ルートを外れる必要がある場合は、オペレーターが手動運転を行う。

※「アルマ」の目、車体正面上部の3Dセンサー

オペレーターの介入(手動運転)

バスは金華橋通りを南下する。途中、沿道での工事に伴う交通規制により、走行ルートに当たるバスレーンが一時的に封鎖されていた。走行ルート上でのこうした想定外の事象にアルマは自動で対応できないためオペレーターが介入。自動運転から手動運転に切り替え、安全を確認したうえでコントローラーにより車線変更を行った。

※コントローラーは、ゲーム機(マイクロソフトのXbox)のものが採用されている。

ふいに走行中のバスが停止した。辺りを見回しても歩行者などは確認できない。これは、GPSなどで把握している自車の位置と、システム上の三次元地図との間に乖離が生じ、バスが自分の位置がわからないような状態になったためらしく、オペレーターの操作で通常運行に戻していた。乗客の安全性を最優先した仕組みであるが、技術的には今後の改善が期待される点であると感じた。

遠隔監視

アルマは、将来の無人運行を見据え、センター(市役所内)に設置された端末で、車両の位置や走行状況などを管理されている。車内の様子は、2台の車載カメラで監視されており、非常時には会話も可能であるという。

※市役所内のセンターに設置された遠隔監視用モニター

※「アルマ」の試乗を終えて。十六フィナンシャルグループの池田社長(左から2人目)と、十六銀行の岩井地域創生部長(右)、末守岐阜市役所支店長(左)早川今沢町支店長(右から2人目)

バスはJR岐阜駅のバスターミナルを経て長良橋通りに入る。かつて市内電車(名鉄岐阜市内線)が走っていた長良橋通りは、現在も道幅が狭く混雑しており、一般のドライバーもできれば避けたい交通の難所である。

進路上に路上駐車している車があったため、アルマは障害物と判断し自動停車する。このためオペレーターが手動で車線変更を行い、運行を継続した。このように、自動運転といってもオペレーターの介入はしばしば発生する。昨年のデータによれば、自動運転率は8割程度であり、運行時間の2割程度はオペレーターが操作していたという。

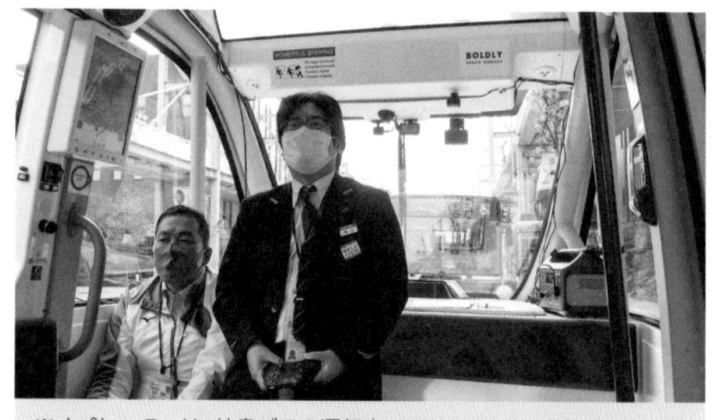

※オペレーターは、岐阜バスの運転士、またはシステムを管理しているBOLDLY社の社員が担当。安全確認のために、シートベルトをしつつ立った状態でバスを操作する。アルマのオペレーターになるには、中型免許に加え、特別な運転講習と警察の審査を受ける必要がある。

信号右折時の自動判断

バスは岐阜市役所前の交差点に差し掛かる。今回の実験の1つ目のポイント、信号右折時の自動判断といった、新たな技術の検証である。信号のある交差点を右折する際、一般の運転手であれば前方から接近する対向車の有無やその速度を認識し、適切なタイミングで交差点に進入するが、その判断をシステムに任せようという試みであり、完全自動運転実現のためには必須の技術であると思う。

信号右折時の自動判断

交差点にネットワークカメラを設置し、AI技術を用いて対向車の位置や速度を把握、無線通信を通じてその情報をバスに伝達することで、安全な右折をサポートする仕組みである。

交差点付近に設置したネットワークカメラの映像から
AI技術を活用して対向車の位置や速度を認識し、無線通信を介して
自動運転バスに伝達することで、右折判断をサポートします。

位置・速度情報
クラウド
右折判断情報
エッジ処理
映像データ
AI
ネットワークカメラ
監視範囲
対向車線の車両位置・速度の検出
自動運転バス
岐阜市役所前交差点
ネットワークカメラ

【資料提供】キヤノンマーケティングジャパン㈱

岐阜市役所前交差点は片側2車線、通行量も多い。信号が青でも対向車があるうちは、車載モニ

※車載モニターには右折の可否が表示される。

ターにはSTOPが表示されていた。やがて対向車が途絶えると表示はGOに代わり、バスはゆっくりと右折を開始した。実験成功の瞬間である。

今回、システムが判断したのは対向車の有無による右折の可否のみ。右折した先の横断歩道を人が渡っていたり、そこに車が停まっていたりすると、車両のセンサーがそれを感知し自動停車する。その結果、バスが対向車線をふさぐ場合もあるため、システムがGOを出しても、危険ならばオペレーターがバスをストップできる体制で実験は行われていた。こうした点も完全自動運転を目指すうえでは克服すべき課題と言えると感じた。

信号右折時の自動判断と人や車両の感知、それぞれの技術開発が進められており、うまく組み合わせることが出来れば、より安心な自動運転の実現に近づくと期待が高まった。

令和4年度　自動運転実証実験　走行ルート

川原町
岐阜公園
御鮨街道
岐阜市役所
高島屋前
柳ケ瀬
JR岐阜

凡例
岐阜公園ルート
中心部ルート
○○○ バス停

2 岐阜公園ルート試乗

翌日は雨が降りしきる中での実証実験である。岐阜市の人気観光地である川原町や岐阜公園周辺を、自動運転バスが走行するのは今年が初めてだ。アルマには今回のルートがあらかじめ登録されており、オペレーターがタッチパネルの「発車」ボタンを押すと、走行を始める。

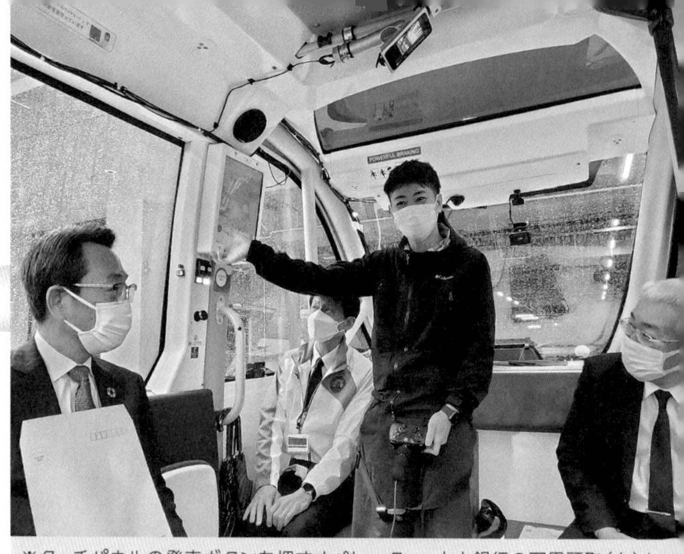

※タッチパネルの発車ボタンを押すオペレーター。十六銀行の石黒頭取（右）と十六フィナンシャルグループの白木専務（左）が試乗

乗客の安全を守るセンサー

長良橋通りに出ると、バスは優先レーンをスムーズに走行する。隣のレーンを車がやや接近しながら通過すると、バスは反応し減速した。また、街路樹が揺れて車道に少しはみ出ていたところでは、ゆっくりと停車した。こうした挙動は、自分が車を運転する感覚からすれば、やや慎重すぎるようにも思える。乗客の安全最優先のためとはいえ、こうした「想定外」の事象が、実際の安全運行にどの程度の影響を与えるかの判断を、人間の感覚に近づけていく必要もあると感じた。

バスは川原町にさしかかる。岐阜市が誇る古い町並みの景観。雨が降っており、通りを歩く観光客はまばらである。バスの最高速度は19kmであるが、川原町は道幅が狭いこともあり、時速9km以下で走行する。

8台のセンサー

アルマには前後に各3台（1台は周辺を360度監視する3Dセンサー、2台は地上24cm以上の障害物を監視する2Dセンサー）、左右に各1台（2Dセンサー）、合計8台のセンサーが設置されている。左右約30cmまで障害物が接近すると安全のため自動停車する。また遠方に車や障害物を発見すると、徐々に減速し、直前約3mで自動停車、その後障害物が移動すると自動発進するようプログラムされている。

歩行者や他の車との共存

今回の社会実験の2つ目のポイントは、歩道と車道が分離されていない道での走行である。国内で実施されている自動運転実験の多くは、ガードレールなどで歩行者が守られた、バスにとっては走りやすい環境で実施されているが、岐阜市で今年新たに加えられた岐阜公園ルートは、川原町のような歩道と車道の区分がない経路を含んでおり、自動運転車にとっては難易度が高い。

以下は、別の日に川原町を走行するアルマの様子である。しばらく並走して様子を観察したが、対向車があるときは減速し、道を歩く観光客とも安全な距離を確保しつつ、丁寧な走行ぶりを見せた。オペレーターが慎重に監視している状況ではあるが、歩行者や対向車が不安を感じることは全くないと感じた。

バスは岐阜公園前にさしかかる。実験期間中で初めての雨模様、実はアルマは雨や雪には弱いと

※観光客と安全にすれ違う。

いう。今回程度の雨では問題は生じなかったが、車両に取り付けたセンサーは、5mm以上の雨が降ると障害物とみなす場合があるようで、今後の課題とのことであった。岐阜は冬季、大雪に見舞われることもある。そんな悪天候でも、公共交通機関の使命を果たせるようになると良いと思った。

※後続車の車列（別の日に撮影）

※合図を送り、後続車を先に行かせるオペレーター

ドライバーの協力の必要性

バスは御鮨街道に入る。車道と歩道の区分がない一方通行の細い道であるが、大通りの「抜け道」でもあり、道幅の割には速度を上げて走り抜ける車も多い。歩行者の安全にも配慮し、アルマの速度を時速15km以下に設定したため、後方には後続車の列ができた。

道幅がやや広いところで、アルマは左側に寄り一時停止した。オペレーターが手を振り、後続の車の追い抜きを支援する。このように、低速な自動運転車が一般の車両と共存するには、追い抜きができる場所の設置とともに、一般車両ドライバーの協力が必要になる。これは、特に道幅が狭い地方などで、自動運転バスを普及させる上では重要なポイントと感じた。

3 試乗を終えて

今回アルマに試乗し、人間の運転には及ばない点もあることを認識した。しかし自動運転技術は、運転手不足や過疎地の公共交通維持といった社会課題を解決する有効な手段になり得る。人間による運転との違いばかりを指摘しその可能性に目をつむっていてはいけないと感じた。私たちは、人間とはやや異なる自動運転の特性を理解し、これと共存していく努力をしていくべきではないだろうか。

岐阜市役所 都市建設部 交通政策課の川田真樹主幹は、「高齢化の進展と運転手不足を背景に、公共交通の維持という点で、自動運転技術は重要な役割を果たすだろう。まちづくりや観光推進という観点から、またSDGsの観点からも、このような交通機関は有効だ。まずは、今回の実証実験の結果をしっかりと検証し、問題点を一つひとつ解消し、【自動運転バスがいつも走っているまち】を目指していきたい」と語る。

岐阜市が自動運転の実証実験を続ける理由の一つが、本格導入に向けて、市民の自動運転に対する理解と認識を深め、「異物」ではなく「協調の対象」としてこれを受け入れられるような土壌を作ることにある。そのために岐阜市は、今後も引き続き市民参加のもと自動運転に取り組んでいく予定である。

自動運転バスが、中心市街地や、岐阜駅から柳ケ瀬、岐阜公園、旅館街を周遊する姿が当たり前の光景となる日は、遠くないと感じた。

（主任研究員　小島 一憲）

4.6. 公共交通機関の付加価値

公共交通機関は、単なる「移動手段」ではない。それは私たちの生活に必須なインフラであり、移動以外のさまざまな付加価値を生み出す「装置」であると考えるべきだろう。確かに、自分だけの個室空間で、プライバシーを確保しながらドア・ツー・ドアの移動ができるという自家用車の付加価値は非常に大きい。そして私たちが積極的にこれを受け入れたため、特に地方において公共交通は衰退を余儀なくされたとも言えるが、ここで今一度、自家用車にはない公共交通機関の付加価値について考える。

4.6.1. 利用者の健康増進

図表 4-13 は、都道府県別に、自家用車の世帯当たりの保有台数を縦軸に、BMI（Body Mass Index：肥満度を表す体格指数）の平均値を横軸に出力したものである。なお入手可能なデータの制約から、BMI は各都道府県に住む 20～69 歳の男性の平均値と、40～69 歳の女性の平均値の単純平均（2016 年）を用いた。

散布図からは、東京都、京都府、神奈川県、福岡県、埼玉県、千葉県といった、都市部の都府県がグラフ左下の領域に集中していることがわかる。また図の右半分、つまり BMI が比較的高い領域には、宮崎、福島、沖縄、高知など、比較的人口が少ない地方の県が多い。

図表 4-13　自家用車の世帯当たり保有台数とＢＭＩ平均値（2016 年）

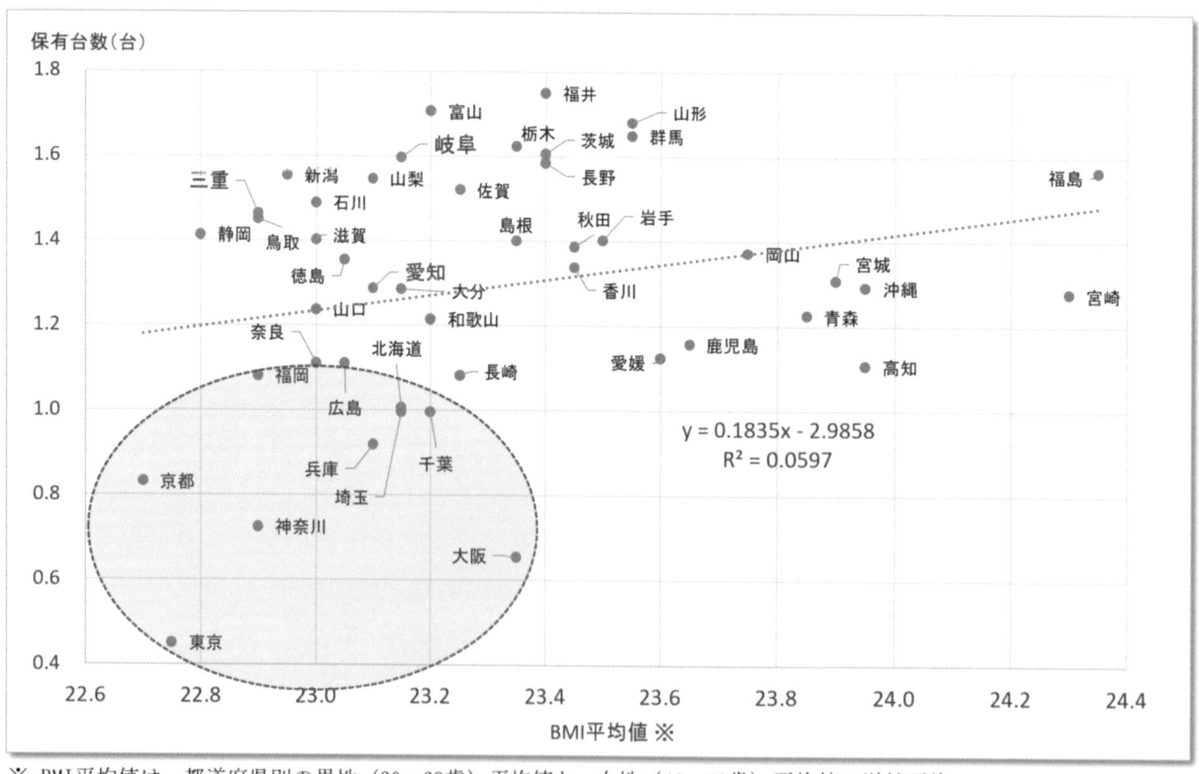

※ BMI平均値は、都道府県別の男性（20～69歳）平均値と、女性（40～69歳）平均値の単純平均

出所：　一般財団法人 自動車検査登録情報協会HP　厚生労働省　国民健康・栄養調査（2016年）より十六総合研究所作成

BMI を決定する要因は、その地域で生活する人の食事や生活習慣など多岐にわたることから、この資料のみから、自家用車の保有台数と BMI の間に因果関係があると結論付けることはできない。しかし、世帯当たり保有台数が少ない都市部で BMI は低く、一方 BMI が高い地域は地方ばかりであるという事実は、

都市部では「公共交通を利用する人が多く、自ら歩くことを強いられるため運動量が増加し BMI は低下する」、地方では「自家用車の普及率が高く、自宅から目的地までほぼ歩くことなく移動できる生活様式が定着しているため BMI が相対的に高くなる」という状況を想起させる。都会で生活していた時は、どこへ行くにも徒歩 + バス + 鉄道であったが、地方に越して来てからは、どこへ行くにも自家用車という生活に変わり、体重が随分増えてしまった経験がある人も少なくないのではないだろうか。

BMI が 25 以上の場合「肥満」とされ、生活習慣病をはじめとするさまざまな病気を招くと言われていることから、BMI の平均が高い地域では、介護や看護、医療費などの負担が相対的に高くなることも懸念される。換言すると、公共交通を利用することは、適度な運動により体を鍛え、人々の健康増進に寄与するのみならず、周囲や地域に対する医療や介護の負担軽減にも繋がると言えるだろう。富山市が 65 歳以上の高齢者 644 人を対象に実施した調査によれば、市が発行する公共交通の割引パス「おでかけ定期券」を利用している人の 1 日当たり歩数は 2016 年実績で 5,287 歩と、定期を持たない人（自家用車利用が多い人）よりも 7%多く、2016～2017 年の医療費（年平均）を比べると、定期券利用者の方が 1 人当たり年間 7 万 2,860 円も少なかったという [1)]。

参考文献

1　日本経済新聞（2019. 5. 31）「公共交通利用で医療費削減　富山市が調査結果公開」

4.6.2. 家計に優しい公共交通

公共交通と自家用車で、利用者が負担する費用はどちらが安いかと聞かれると、以下のような理由で、自家用車の方が安いと答える人が多いのではないだろうか。

① 公共交通については、通常 1 回乗車当たりの費用の総額(切符代金または IC カードの使用額として)が目に入る。一方、自家用車の場合、認識されるのはガソリン代（場合によっては高速道路代も）だけである。例えば、燃費 10km／1 リットルの自家用車の場合、10km 先の目的地まで行くのにかかるガソリン代は 160 円程度である（ガソリン価格が 1 リットル 160 円の場合）。しかしバスの場合、初乗りでも 200 円以上かかるところが多く、移動距離が延びるほど、自家用車との差が広がる傾向がある。既に支払い済みの本体費用、定期的にかかる車検費用や任意保険の保険料などの維持費は普段の生活では意識されにくく、自家用車の方が安く感じてしまうのだろう。

② 家族など複数人が同じ目的地を目指す場合、自家用車に 4 人が同乗すればひとり当たりの費用は 4 分の 1 になるが、公共交通機関の場合は通常は 4 人分の料金が必要となる。

②の理由は致し方ない面があるが、①については、本体費用などすべて込みの状態で考えなければ、正確な比較とはならないことは明らかだ。

図表 4-14　自家用車の保有コスト（10 年間保有）

新車購入　一般的な軽自動車　年間走行距離7,200km（月600km）　燃費は1リットルあたり18km　と仮定　（単位：円）

タイミングとコストの内容		金　額	備　考	期中換算
購入時	新車購入代金	1,800,000	税・諸経費込み	1,800,000
毎月かかるコスト	ガソリン代金	5,333	600km×160円（ガソリン1リットル）÷18（燃費）	640,000
	車庫代金	0		0
毎年かかるコスト	自動車保険	48,000	4,000円/月	480,000
定期的にかかるコスト	車検代（自賠責保険料、重量税を含む）	100,000	3,5,7,9年目に支払い	400,000
	オイル交換	4,000	年に1回程度と想定	40,000
不定期にかかるコスト	タイヤ交換	36,000	期中に2回交換、冬タイヤは考慮せず	72,000
	消耗品交換	20,000		20,000
売却時	下取り	30,000		-30,000
総額				**3,422,000**
ひと月当たり				**28,517**

出所：　十六リース株式会社のアドバイスのもと、十六総合研究所作成

自家用車の使用条件は地域や人によって異なるため、単純な比較は困難である。そこで図表 4-14 においては、モデルケース（一般的な軽乗用車）を想定して自家用車の保有コストの試算を行った。現金一括購入（180 万円）、走行距離は月 600km、地方での生活を想定し車庫代は 0 円、冬用タイヤは考慮していない。本条件で 10 年間継続して保有した場合のトータルコストは約 342 万円、ひと月当たり約 2 万 8,500 円となった。ちなみに同条件で 7 年間継続して保有した場合は、ひと月当たり約 3 万 3,000 円である。

この試算をもとに、免許返納などにより自家用車の利用をやめて公共交通を用いる生活へ切り替えた場合を考えると、特に、単身もしくは夫婦 2 人暮らしの高齢者の家計においては、移動に関わる経費を節約できる可能性が高い。公共交通機関は、環境だけではなく家計にも優しいと言えそうだ。

4.6.3. 観光と相性の良い公共交通

バブル崩壊以降、日本人の観光スタイルは激変した。かつて人気を博した大型バスによる団体旅行は減少し、代わりに家族や友人といった少人数による個人旅行が主流となった。こうした市場ニーズの変化は自家用車やレンタカーに有利に働き、公共交通利用の減少に拍車をかけた点は否めない。ところが近年、以下のような属性を持つ観光客の増加により、地方の観光地においても、公共交通を充実させることが観光産業振興のうえで重要であると指摘されている。

公共交通と相性の良い観光客属性

- 訪日外国人（運転免許を持たない人も多く、移動には公共交通が不可欠）
- 若者（特に都市部では、運転免許を持たない若者が増えている）
- 高齢者（運転免許の返納や、健康上の理由で、車を運転しない高齢者が増えている）
- 環境問題への意識が高い人（環境負荷の低い交通手段を好む人が増えつつある）

日本人の観光需要は頭打ちになる可能性が指摘されるなか、外国人観光客数は劇的に増加しており、コロナ禍が終息に向かえば、再び地域活性化の重要なけん引役となることが期待される。公共交通の充実は観光地の魅力向上に繋がり、地域の継続的な発展には不可欠な要素であるため、地域公共交通活性化協議会等において、観光業関係者の声を地域公共交通計画へ十分に反映させていくことが重要であると考える。

4.6.4. 鉄道が存在することによるメリット

鉄道の廃線が取りざたされるようになると、多くの場合、地元で反対運動が起こる。仮にバス化により運行本数が増えるとしても、「鉄道を残してほしい」と考える人は少なくない。その理由は、大量・高速輸送が可能で定時運行しやすいうえ、環境負荷が低いといった交通機関としての利点だけではなく、普段から鉄道を利用しない人も含めて、鉄道の「思い出」や、鉄道への「愛着」、いわばセンチメンタルな部分（情緒的な価値）も評価されているからである。ここでは、交通機関としての利点や情緒的な価値以外の、鉄道が存在することによるメリットについて考えてみたい。

鉄道が存在することによるメリット

① 交通機関としての利点：　大量・高速輸送が可能、環境負荷が低い。
② 情緒的な価値：　思い出や愛着
③ 安心感：　悪天候時の安定性、交通ネットワークの冗長性の確保
PR 効果：　駅名が地図に掲載されるというメリット
地域のシンボルとしての価値

まずは、鉄道が存在することによる安心感である。鉄道は定時性に優れた、いわば頼れる交通機関であり、山間部など道路条件が良くない地域では、移動や物流におけるラストリゾート（最後の拠り所）となっている場合もある。また自然災害が多発する日本においては、交通ネットワークの冗長性を高める効果も無視できない。

次に、鉄道が存在することによる町（村）の PR 効果である。有名な観光地を持たない自治体にとっては、鉄道（駅）があることが町（村）の PR に一役買っている場合もある。また鉄道（駅）は地図に掲載されることもあり、「鉄道で行ける地域」は「調べないと行き方がわからない地域」や「バスでしか行けない地域」に比べて心理的距離が短くなるメリットも考えられる。

最後に、地域のシンボルとしての価値である。駅は単なる鉄道車両の乗降の場にとどまらず、人が集まる場所という特徴から、町（村）のシンボルとなり、生活や商業の中心として町（村）の発展をけん引してきた。利用者の減少による駅を中心とした中心市街地の衰退が指摘されるが、駅がなくなってしまっては衰退どころではない。駅は町（村）の玄関とも言われるように、鉄道と駅が果たす地域のシンボルとしての役割は、今でもそれなりに大きい。

したがって、仮に利用者の減少などから鉄道の廃止を検討する場合は、こうした部分で鉄道が果たしてきた役割を、後継の交通機関でも可能な限り果たせるような対策が望まれる。例えば安心感という点では、防災の観点から道路をより災害に強いものへ造り変える、PR 効果という点では、地域の知名度を高める活動の推進、シンボルという点では、鉄道廃止後の駅舎（跡地）の有効利用や、バスセンター、道の駅の積極的な活用などが考えられる。

4.6.5. 乗車が目的となるような公共交通機関

前面展望が人気を誇った名鉄パノラマカー7000系
筆者撮影

公共交通機関は、大量の乗客を安全に運ぶという機能に重点が置かれがちであるが、観光という側面から、非日常を演出することで乗り物としての魅力を高め、利用客の増加に繋げている例は昔から存在する。例えば高度経済成長期以降、急速に普及した自家用車に対抗するために、名古屋鉄道は運転席を2階に上げ、前面を展望席とした「パノラマカー」を投入、一世を風靡したことは有名である。

観光地までの道のりを単なる「移動」と捉えるのではなく、旅行の「楽しみ」の一部、あるいは旅行の「目的」にすることができれば利用客の増加に繋がるため、交通事業者はさまざまな工夫を凝らしている。

① 希少性を売りにする例

既述のDMVや、愛知高速交通株式会社が運用する日本唯一の常電導リニアモーターカー、Linimo（リニモ）など、新しい技術を利用した乗り物は、趣味的な視点から一定数の利用客の確保が期待できる。また日本では珍しいナローゲージ（軌道の幅が非常に狭い鉄道）である三岐鉄道株式会社の北勢線は、その希少性を観光資源と捉え、観光客の誘致に活かしている。

② 魅力ある車両を導入する例

岐阜県の魅力に溢れた「ながら」の車内
出所： 長良川鉄道HP

「その地域に行けば、あの列車に乗れる」、公共交通の利用を、観光の目的地とセットにすることで利用者増に繋げる事例も多い。例えば1989年にデビューしたJR東海の「ワイドビューひだ」は、走行性能と車窓からの景観が人気を博し、飛騨・高山への旅行はワイドビューで、というイメージづくりに成功した。今や国内唯一の定期寝台列車となったJR東海／JR西日本の「サンライズ出雲」は、デビューから20年を経過した今でも根強い人気があり、出雲大社に行くならサンライズ出雲で、と考える人も少なくない。

地方鉄道では、長良川鉄道の「ながら」が好例だろう。「ながら」は「ななつ星in九州」を始め数々の列車を手掛けた、著名な工業デザイナーの水戸岡鋭治氏によるデザインで、車両外観は長良川の沿線風景に映えるロイヤルレッド、内装には岐阜県産の木材をふんだんに使用するなど、地域の魅力を存分に感じられる「わざわざ乗りたくなる」名車である。

乗り物としての魅力という点では、バスにおいても「乗ること」自体が喜びとなるような車両は存在する。岐阜バス（岐阜乗合自動車株式会社）は、車内でのゆとりを確保するために、横3×縦8列、23人乗りに特別デザインされ、パウダールームを装備したデラックス観光バス「エンペラー」を投入し、プレミアムバスツアー「きわみ」で、従来のバス旅行とは一線を画した上質な旅を提供している。

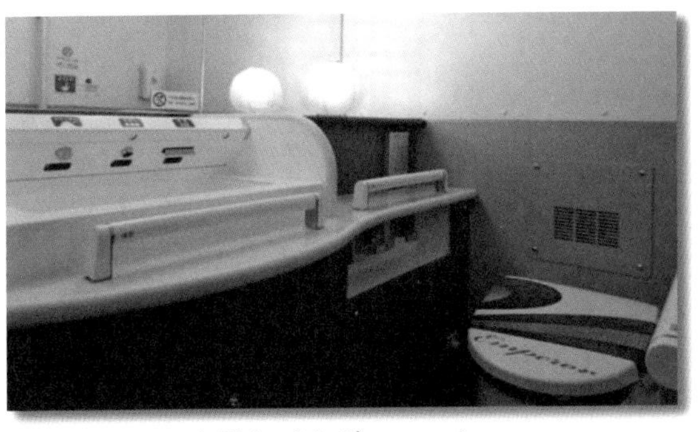

エンペラーの上質なパウダールーム
出所： 岐阜バス HP

③ 既存の車両で催し物などを開催し差別化する例

魅力ある車両の開発には通常、相応の費用がかかるため、中小の地方鉄道が簡単に導入を決められるものではない。そこで、既存の車両を有効利用し、集客を図る手法が各社で採られており、旅客収入増に寄与している。例えば明知鉄道株式会社では、「食堂車」と称した、四季折々の車窓を眺めながら地元の食事を楽しむことができる列車を運行しており、好評を博している。使用する車両は一般の車両にテーブルを持ち込んだもので、食事も「お弁当」とすることで、厨房など飲食に必要な設備投資を不要としている。提供される料理は季節により変化し、おばあちゃんのお弁当列車、寒天列車、きのこ列車、じねんじょ列車、枡酒列車など、そのバリエーションは多彩である。旬の食材を心待ちにするリピーターも多い。

魅力あふれる食堂車　　出所： 明知鉄道 HP

4.7. 交通目的税

戦後の人口増加により、日本の公共交通はそれ単独でも収益事業として成立する時期がしばらく続いた。路線網の一部に赤字路線を抱える交通事業者も、黒字路線から上がる収益でこれを補うことにより、経営を続けることが可能であった。この仕組みは内部補助と呼ばれる。しかし、自家用車の普及や人口の減少により、特に過疎地における公共交通の需要が減少すると、黒字路線の赤字化が進むとともに赤字路線の負担も重くなり、内部補助モデルだけで公共交通事業を維持していくことは困難となっていった。

そこで、国や自治体が補助金制度を設け、赤字路線を抱える交通事業者を支援するようになった。また、補助金支出の基準に合わない大手交通事業者の赤字路線や、第三セクターの欠損補填などには、財政支援により毎年一定金額を、あるいは欠損相当額を当該交通事業者へ拠出する例なども各地で見られるようになった。補助金や財政支援の財源は、国民や地域住民の税金である。また内部補助においても、黒字路線の収益で赤字路線を維持しているということは、「収益性の高い都市部に住む人が支払った運賃や、ドル箱の観光路線で外国人を含む旅行客などが支払った運賃が赤字路線の穴埋めに使われている」ことを意味する。いずれにしても納税者、都市部に住む人や観光客で、自分の支払った税金や運賃が、地域公共交通の維持に充てられていることを意識している人は多くはないと思われる。

図表 4-15　地方公共交通の財源

財　源	説　明	財源の負担
①内部補助	当該交通事業者が運営する、他の黒字路線の収益で、赤字路線の欠損を補填するもの。	・黒字路線の乗客 ・黒字の観光路線を利用する観光客
②補助金	当該交通事業者が、国や自治体に申請した補助金を収益の一部とし、実質的に欠損を補填するもの。	・国や地域の納税者
③財政支援	赤字路線に関して、当該交通事業者が自治体と協議のうえ、自治体からの財政支援を受ける代わりに路線の運行を継続するもの。	・地域の納税者
④交通目的税	地方公共交通を維持するのに必要な財源を、地域住民や地域の企業などから目的税として徴収するもの。	・地域住民や地域の企業など

十六総合研究所作成

4.7.1. 公的な資金支援が必然である理由

ここで地域公共交通は、そもそも常に外部からの、すなわち利用者以外からの資金支援が不可欠であるという現実に目を向けたい。企業経営においては一般的に「赤字＝悪」と考えられるが、こと地域公共交通に関しては、利用者が支払う運賃だけでこれを運営していくことは困難であり、「もとより赤字が出るのが必然」という認識への転換が必要である。

図表 4-16　公共交通の恩恵（便益）が及ぶ範囲（再掲）

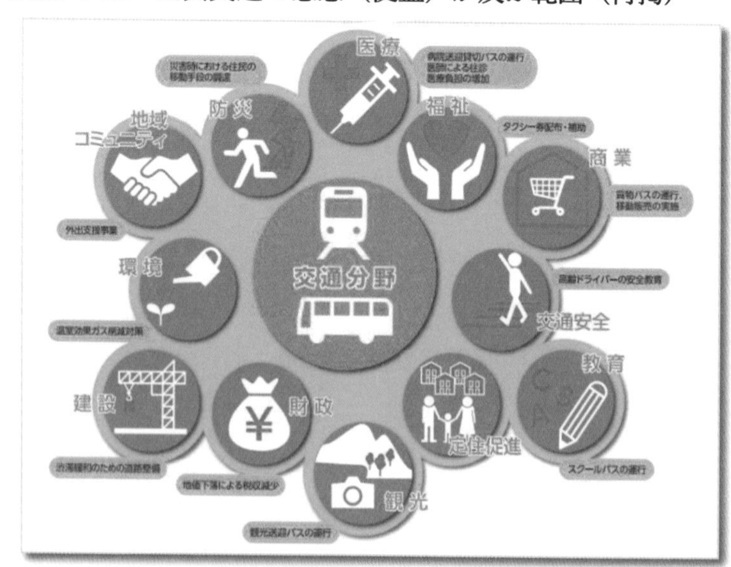

出所：　近畿運輸局　地域公共交通 赤字＝廃止でいいの？

公共交通がなくても自家用車を持てば移動には困らないが、住民のすべてが自家用車を運転できる訳ではない。「地域住民の健康で豊かな暮らしを確保し、持続可能な地域を実現する」ためには、特に次世代の主役である学生や運転免許を返納した高齢者など、自家用車を持たない人たちも、それなりに移動ができる環境が必須であり、それを維持できない地域は、そこに住む魅力の喪失と人口減少により衰退の一途をたどることとなる。図表 4-16 のように、公共交通があることによる便益（恩恵）が利用者以外にも広く及ぶことを考慮すれば、その便益を享受している国や自治体、地域企業などからの資金支援で公共交通の赤字を補填し、これを維持していくことは至極妥当なことと言えるだろう。

4.7.2. 交通権

現代の生活において「移動」は医療サービスなどと同様に、私たちが健康で文化的な生活を送るには必要不可欠な要素である。日本では法律上明確な定めはないが、フランスのように移動に関する権利を「交通権」として規定している国もある。すべての人々が最低限の生活を維持できるようにするためには、「日常生活で必要な移動」に窮するような環境（交通空白地域）が生じないようにすることが理想である。しかし人口密度は地域により濃淡があり、総人口が減少するなか公共交通単独では採算が取れず、そのままでは事業者が撤退してしまうような地域が生じることは避けられない。公共交通への補助金の支出や財政支援が行われる背景には、電気や道路などのインフラと同様に、行政が資金を負担してでも公共交通を維持し、住民の生活を守るべきであるという考え方が根拠となっている。旧国鉄ローカル線の第三セクター化や、施設の保有と運行を分ける上下分離の導入は、公的な資金負担で地方の公共交通を維持していくという自治体の強い意志の表れであると言えるだろう。

4.7.3. 交通目的税の現状と意義

しかし、補助金は財源の安定性に不安があり、将来にわたり必要な予算を確実に確保できる保証はない。そこで近年、安定的な財源確保という点で、滋賀県が国内初の導入を検討している「交通税」が脚光を浴びている。滋賀県では3年にわたる税制審議会での議論の結果、県民の暮らしに必要不可欠な公共交通を維持していくための財源として、「交通税」の導入の検討を進めることが決定された。誰からどのように徴収するか（例：県民が等しく少しずつ負担するのか、県内企業に一部を負担してもらうか）は未定である。地域公共交通計画を策定し、誰が公共交通の恩恵を受けるのかを検証のうえ、徴収の在り方を明確にしていく必要があるだろう。「交通税」は2023年度に策定する「公共交通のビジョン」を実現するための財源のひとつとして、三日月知事の任期（26年7月）中に概要が示される予定である[1)]。

交通目的税は、その趣旨から目的税に分類される。目的税とは、使途が特定の支出対象に向けられる税であり、都道府県税では狩猟税、水利地益税などが、市町村税では入湯税、事業所税、都市計画税などが目的税である。地方公共団体は地方税法に定める税目（法定税）以外に、条例により税目を新設することができる。これを「法定外税」と言うが、都道府県が独自に交通目的税を徴収する場合は、法定外目的税（法定外税としての目的税）の形をとることになる。法定外目的税の例としては、宿泊税、産業廃棄物税、乗鞍環境保全税（岐阜県）などが挙げられる。

交通目的税は日本でこそ耳慣れないものの、欧米などでは以前から導入している地域も少なくない。また、交通目的税という名前でなくとも、特定名目で徴収する税金の一部を公共交通の財源とすることが決められている国も多い。

①フランスでは、公共交通は運賃収入ですべての費用を賄うことはできないという前提で運営されており、税金を使って維持していくものという社会的なコンセンサスが出来上がっている。公共交通の費用は、その交通機関があることで恩恵を受ける沿線企業が受益者として負担するものとされ、都市圏内に立地する企業などに従業員の給与総額に対して課税される仕組みである[2) 3)]。

②米国ポートランド都市圏では、自家用車なしでも生活できる充実した公共交通ネットワークが構築されており、公共交通の財源のうち交通目的税は50%超、ガソリン税を財源とする連邦補助金と合わせて70%近くが公費負担となっている。交通目的税は、都市圏内で事業を営む個人及び法人に対し、従業員の給与総額等を課税標準として課税される。課税根拠は、公共交通は環境や福祉などの公益的機能を有し、それが地域の活力や社会全体に便益をもたらす、との考え方によるものである[4)]。

図表 4-17　諸外国における地域公共交通に関する制度の概要

滋賀県

	日本	フランス	ドイツ	イギリス	アメリカ
交通権・移動権について規定した法律	なし ※交通政策基本法(2013)においては、規定はされなかった。	交通法典(2010年) ※ただし、国内交通基本法(LOTI)(1982)を継承している。	なし	なし	なし
地域公共交通に係る計画制度を規定した法律	地域公共交通活性化・再生法(2007)	同上	近距離交通地域化法(1996)	2000年交通法(2000)	都市公共交通法(1964)
上記計画の策定の義務化の有無	努力義務 ※2020年改正までは「できる規定」	策定義務あり ※ただし、10万人以上の都市圏交通区域(PTUのみ)	策定義務あり ※各州法によるため、策定義務のない地域もある。	策定義務あり ※主にイングランドとウェールズ	策定義務あり ※改正大気浄化法(1990)により、大気質の改善に向けた交通計画の策定が義務化。
地域公共交通に係る計画	地域公共交通計画	都市圏交通計画(PDU)	近距離交通計画(Nahverkehrsplan)	地域交通計画(LTP)	交通計画(TP)
地域公共交通の運営主体	主に民間事業者の独立採算制による。 ※一部に、公営企業体によるものも存在する。	コミューン(市町村)により構成される都市圏交通機構(AOM)が、自ら、または交通事業者に委託して運営している。	州または郡・市が、交通事業者に委託して運営している。 ※共同事業体として各地で「運輸連合」が形成されている。	民間事業者の独立採算制によるが、行政による補助金により支えられている。	大都市の一部で民営の公共交通事業者等が乗り入れているものの、公共交通はほとんどが公営である。
地域公共交通に係る特別の財源(中央政府)	なし	なし	エネルギー税の一部が、交通に関する特定財源となっている。	なし	ガソリン税およびディーゼル燃料税の一部が、公共交通に関する専用財源となっている。(道路信託基金の公共交通勘定)
地域公共交通に係る特別の財源(地方政府)	なし	・交通税(VM)	エネルギー税の一部が、連邦から州の財源に移譲されている。 ※近距離交通地域化法の制定によるもの。	・道路利用者への課税(Congestion Charge) ・職場駐車場への課税(WPL) ※ただし、そこまで導入事例は多くない。	・売上税(Sales Tax)の税率上乗せによる交通税 ※ポートランドでは、独自に賃金税(payroll tax)を導入している。
地域公共交通に関する補助制度	地域公共交通確保維持改善事業、等	・トラム等のインフラ整備に対する補助 ※環境グルネル法(2009)によるもの	・解消法(2006)に基づく公共交通のインフラ整備に対する補助 ・地域化法に基づく運営・整備に対する補助	・交通省が地域交通計画の内容を審査することによる資本費補助 ・その他、交通省による運営に対する個別補助	21世紀における発展に向けた前進法(MAP-21)による資本費および運営補助

国土交通省交通政策審議会交通基本法案検討小委員会第2回(平成22年11月29日開催)会議資料をベースに、以下の論文等を参考に滋賀県にて作成。
・川勝健志「持続可能な都市交通と地方環境税ーフランス交通税を事例にー」(『運輸と経済』、2012年5月号、交通経済研究所)
・斎藤純子「ドイツの交通インフラ及び地域公共交通の財源問題ー利用者負担をめぐってー」(『レファレンス』、2015年12月号、国立国会図書館)
・小役丸幸子「諸外国における地域公共交通事情①イギリス」(『運輸と経済』、2017年12月号、交通経済研究所)
・高峯康世「諸外国における地域公共交通補助制度ードイツ・フランス・英国の事例から」(『レファレンス』、2015年1月号、国立国会図書館)
・佐藤麗子「アメリカの陸上交通新授権法(MAP-21)における公共交通補助制度」(『運輸と経済』、2013年3月号、交通経済研究所)など

2

出所：　滋賀県税制審議会　第 8 回 資料 5～8 [5)]

日本で、交通目的税の導入が今まで本格的に検討されてこなかった理由に、①「受益者負担」という、当該交通機関を利用することで便益を得る者が費用を負担すべきであるとの考え方が根強いこと、また、②日本の公共交通事業の多くは営利を目的とした民間企業によるものであり、そこに公的な資金を充当することに抵抗を感じる納税者もいるということなどが挙げられる。しかし、①受益者負担という点では、例えば自治体の負担で建設する図書館、スポーツ施設、橋や道路などについても、すべての納税者がそれを利用している訳ではなく、子育て支援や社会保障の分野でも、直接的な便益を得る人は限られている。ではなぜこれらに税金が投入されているかと言えば、公的な資金を投入することにより地域全体に便益が及ぶと考えられるからである。公共交通においても、これと全く同じことが言えるだろう。その意味では、受益者とは単に公共交通を利用する人だけではなく、公共交通があることで恩恵を受ける地域全体もまた、受益者と呼ぶべきである。また、②民間企業に対する公的資金の充当についても、これまで交通事業者の自助努力に過度に依存してきた点が一般にあまり理解されておらず、公共交通を維持していくうえでの財源に対する議論が十分になされてこなかったという経緯がある。

交通目的税のメリットは、恒久的かつ安定的な財源を確保できることにあり、自治体は公共交通に対して機動的な投資を行うことが可能となる。補助金や赤字補填は、一時的な欠損を補うのに適してはいるが、毎年恒常的に必要となる財源としては安定性に欠けるため、税収の減少や国からの交付金の減額といった事態が生じた場合、地域公共交通への支援体制が揺らぐ懸念がある。

4.7.4. 交通目的税の導入

交通目的税のような利用目的を明示した目的税の導入は、地域住民の広い理解が得られるなら実現可能である。例えば、森林環境税（国税）の導入により 2024 年から国内在住の個人から、ひとり当たり年額

1,000 円が徴収されることとなる。現在でも、森林環境保全を目的とした地方税は全国の多くの自治体で徴収されており、国と地方からダブルで同様な目的の税が徴収される人も少なくないが、これに反対する声はそれほど聞こえてこない。ちなみに岐阜県では、2012 年度から「清流の国ぎふ森林・環境税」が導入され、個人はひとり当たり年額 1,000 円を県民税に上乗せして、法人は資本金などの額により年額 2,000 円～80,000 円を法人県民税に上乗せして徴収している。交通目的税の導入は実質的に増税となるため、納税者の理解と協力が不可欠であるが、最終的にそれに賛同するか否かは、誰が実質的な税負担者となるのか、その金額（税率）をどの程度に設定するのか、そして、いかに役に立つ魅力的な公共交通が実現するのかに大きく影響される。地域住民の理解が得られるような徴税の仕組みと、真のニーズを反映した方向性（地域公共交通計画など）が提示される必要があるだろう。

第 3 章で実施したアンケートでは、公共交通を維持するために追加的に負担可能な金額を尋ねている。その結果、平均でひとり当たり月額 77.1 円を支払ってもよいという結果となったが、仮に人口約 200 万人の岐阜県で、人口ひとり当たりの税収が月額 77.1 円増加すると、全体で月額約 1 億 5,000 万円、年間約 18 億 5,000 万円の税収増となる。税額（税率）の設定次第ではあるが、有力な安定財源となり得ることが示唆される。

図表 4-18　交通目的税　税収の試算

人口ひとり当たり月額 77.1 円を負担した場合

地域	人口	税収（月額）	税収（年額）
岐阜県	約 200 万人	約 1 億 5,000 万円	約 18 億 5,000 万円
愛知県	約 753 万人	約 5 億 8,000 万円	約 69 億 7,000 万円

総務省　住民基本台帳人口（2022 年 1 月）をもとに十六総合研究所試算

現在、移動に不満を感じていない人にとっては、交通目的税を積極的に納めるインセンティブは高くない。一方、公平性の観点から、税収をどのように分配していくかという点においては納税者の関心は高い。したがって、交通目的税導入にあたっては税金の使い道を明示し、真に役に立つ魅力的な公共交通の実現を通じて住民の理解を得ることが必須と考える。地域によって交通事情は全く異なるうえ、公共交通の経営状況や自治体の財政状態もまちまちだからである。また場合によっては、従来の補助金や財政支援を継続する方が良いという判断もあり得るだろう。地域の置かれた状況や自治体の財政事情などあらゆる情報を開示したうえで、住民が納得のいく選択をしていくべきであろう。

参考文献

1　日本経済新聞　2022 年 9 月 5 日朝刊　「ローカル線は維持できるか」

2　板谷和也（2018）「フランスの都市交通政策にみる主体間連携の制度的支援」『都市とガバナンス』Vol.30

3　尾形孔輝、竹本拓治、米沢晋（2021）「コミュニティバスの受益者負担について　海外事例を踏まえた考察」『パーソナルファイナンス研究』 NO.8

4　一般財団法人 自治総合センター（2021）「地方分権時代にふさわしい地方税制のあり方に関する調査研究会報告書　令和 3 年 3 月」

5　滋賀県税制審議会　第 8 回 資料 5～8

6　石田和之（2018）「森林環境税の租税論」公益社団法人 森林文化協会『森林環境 2018』

居食屋
和民
わたみ
4F受付
AEON
英会話イーオン
岐阜校
アコム
574
ワンマンカー

第5章

地域公共交通の再構築

第5章 地域公共交通の再構築

近年顕著となった地域公共交通の危機的な状況を打開すべく、政府は各種方針で、地域公共交通の再構築（リ・デザイン）を経済成長、財政健全化、地方創生など、重要政策課題への処方箋として積極的に位置づけている[1)]。

①「経済財政運営と改革の基本方針 2022（骨太方針）」（2022 年 6 月 7 日閣議決定）では、「交通事業者と地域との官民共創等による持続可能性と利便性の高い地域公共交通ネットワークへの再構築に当たっては、法整備等を通じ、国が中心となって交通事業者と自治体が参画する新たな協議の場を設けるほか、規制見直しや従来とは異なる実効性ある支援等を実施する」としている。

②「新しい資本主義のグランドデザイン及び実行計画（フォローアップ）」（2022 年 6 月 7 日閣議決定）では、「MaaS や自動運転などの最新技術の実装を進めつつ、交通事業者の経営の改善を図り、官と民で、交通事業者相互間で、他分野とも連携する共創を推進し、地域交通ネットワークを持続可能な形でリ・デザインする。そのため、公的主体と交通事業者が適切なインセンティブ設定のもとで能動的に関わり、一定エリアにおける地域交通体系の全体最適化と長期的な交通サービスの安定化を実現する仕組みの検討を進める」としている。

③「デジタル田園都市国家構想基本方針」（2022 年 6 月 7 日閣議決定）では、「MaaS の活用や自動運転の活用場面の更なる拡大など公共交通分野にかかるデジタル化や先進技術の活用を一層進めるとともに、官民や交通事業者間、他分野との垣根を越えた『共創』で地域交通をリ・デザインし、自家用車を持たない高齢者をはじめとする地域住民の移動手段を確保することを可能とする」、また、「地方公共団体がバス等のサービス水準を設定したうえで、交通事業者に対して、エリア一括して複数年にわたり運行委託する場合に、事業者の収支改善インセンティブを引き出すため、複数年にわたる長期安定的な支援に向け、実効性ある支援等を実施する」としている。

5.1. 再構築の方向性

国土交通省「アフターコロナに向けた地域交通の『リ・デザイン』有識者検討会」の提言（2022 年 8 月）では、「地域交通を今の形のまま単純に延命するだけでは、全国各地で明るい未来を展望することは困難であり、本検討会における以上の議論に加え、日本として推進している技術や投資も取り込んで地域交通をより良くしていくという視点が重要である。具体的には、自動運転や MaaS などデジタル技術を実装する『交通 DX』、車両の電動化や再エネ地産地消などの『交通 GX』、①官民の間、②交通事業者の相互間、③他分野との間の『3 つの共創』により、利便性・持続可能性・生産性が向上する形に地域交通を『リ・デザイン』し、地域のモビリティを確保するというコンセプトの下でさらに議論を深化させていくことが求められる」としている[2)]。また「3 つの共創」においては、①官と民の共創：意欲的な地域に対するエリア一括で複数年化された支援制度の創設、②交通事業者間の

図表 5-1　再構築の方向性

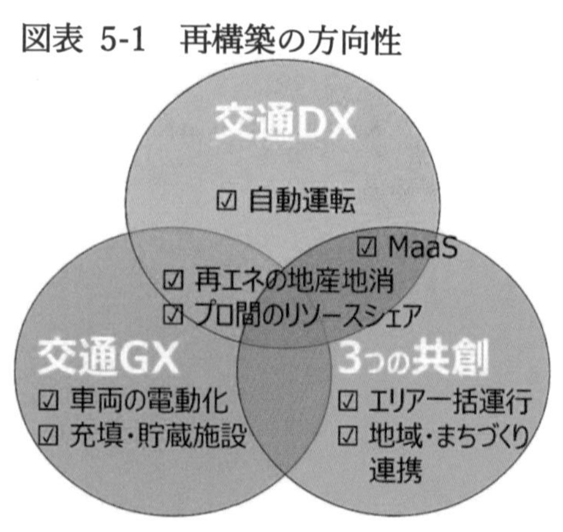

出所：国土交通省　今後の検討の方向性[1)]

共創：事業者や交通モードの垣根を越えて「共創」を進めるための環境整備に対する支援、③他分野を含めた共創：地域の暮らしのための交通のプロジェクトや人材育成に対する支援の強化、といった方向性が示されている。

5.2. 公共交通機関の最適化

利用客の減少により、従来の公共交通機関が結果として輸送力過剰になってしまう例が各地で見られる。交通事業者は交通需要を掘り起こす努力を続けているものの、人口減少が主因の場合、利用者の減少傾向に歯止めをかけることは難しい。実際の交通需要に対し、公共交通機関の供給力が過大であると判断される場合、最適化のために公共交通のダウンサイジング（車両の小型化、運行経路やダイヤ（頻度等）の見直し）が必要となる。国土交通省地域公共交通部会が2020年に公表した中間とりまとめでは、「地方公共団体、交通事業者等の地域の関係者の協議の下で、路線バスについては生産性の向上を図るとともに、地域の実情に合わせてダウンサイジング等による最適化を図りつつ、地方公共団体の公的負担によるコミュニティバス、乗合タクシー、タクシー（乗用）等の運行、さらには自家用有償旅客運送の活用、スクールバス、福祉輸送等の積極的活用、物流サービスとの連携により、地域の暮らしや産業に不可欠な移動手段を持続的に確保できるよう、既存の制度についてわかりやすく整理し、手続の簡素化など柔軟な制度整備をすべきである」との記載があり、鉄道・路線バス ➡ コミュニティバス ➡ デマンド交通 ➡ タクシー ➡ 自家用有償旅客運送 ➡ 福祉輸送・スクールバス という流れが示されている。

図表 5-2　ダウンサイジングの実施方針

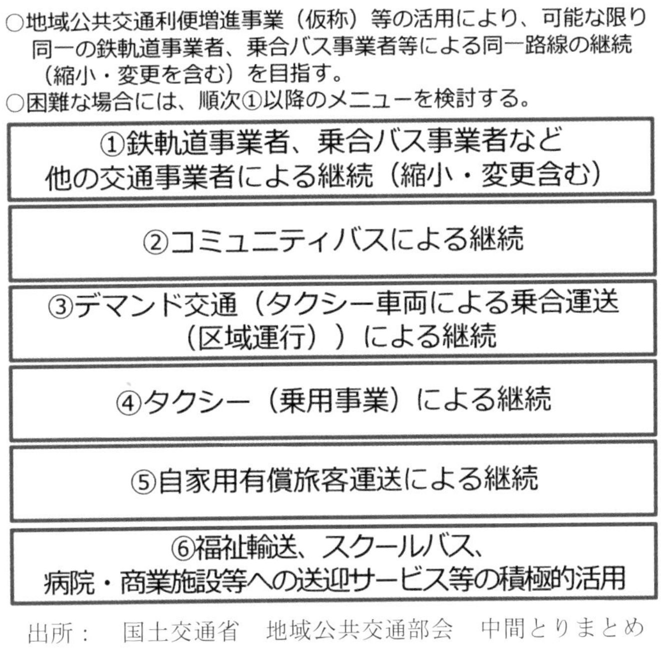

○地域公共交通利便増進事業（仮称）等の活用により、可能な限り同一の鉄軌道事業者、乗合バス事業者等による同一路線の継続（縮小・変更を含む）を目指す。
○困難な場合には、順次①以降のメニューを検討する。

①鉄軌道事業者、乗合バス事業者など他の交通事業者による継続（縮小・変更含む）

②コミュニティバスによる継続

③デマンド交通（タクシー車両による乗合運送（区域運行））による継続

④タクシー（乗用事業）による継続

⑤自家用有償旅客運送による継続

⑥福祉輸送、スクールバス、病院・商業施設等への送迎サービス等の積極的活用

出所：　国土交通省　地域公共交通部会　中間とりまとめ概要より（2020年1月29日）[3)]

ただし地域によって、また路線によって置かれた状況が異なるため、この順にダウンサイジングを進めることが唯一の正解ではない。また、ある地域のベストプラクティスが、他の地域にそのまま適用できるとは限らないため、地域公共交通再構築のノウハウの一般化は困難であると言われる。

2020年施行の「改正地域公共交通活性化再生法」では、特に過疎地などでは、「地域の輸送資源を総動員して」移動ニーズに対応していくために、以下が定められている[4)]。

① 維持が困難となったバス路線等について、多様な選択肢を検討・協議し、地域に最適な旅客・運送サービスを継続（地域旅客運送サービス継続事業）

② 過疎地等で市町村等が行う自家用有償旅客運送の実施の円滑化
- ・バス・タクシー事業者がノウハウを活用して協力する制度を創設し、実施を円滑化
- ・住民のみならず来訪者も運送の対象に加え、観光ニーズへの対応を可能に

③ 鉄道・乗合バス等における貨客混載に係る手続の円滑化（貨客運送効率化事業）

したがって、単に乗り物の大きさを小さくするのではなく、さまざまな選択肢の中から、それらを効率的に組み合わせることも視野に入れつつ、どのような運行形態とするか、誰が運行の主体となるか（自治体か、NPO や民間か）などを含めて、丁寧な検討を進めることが求められている。

図表 5-3　地域の輸送資源の総動員

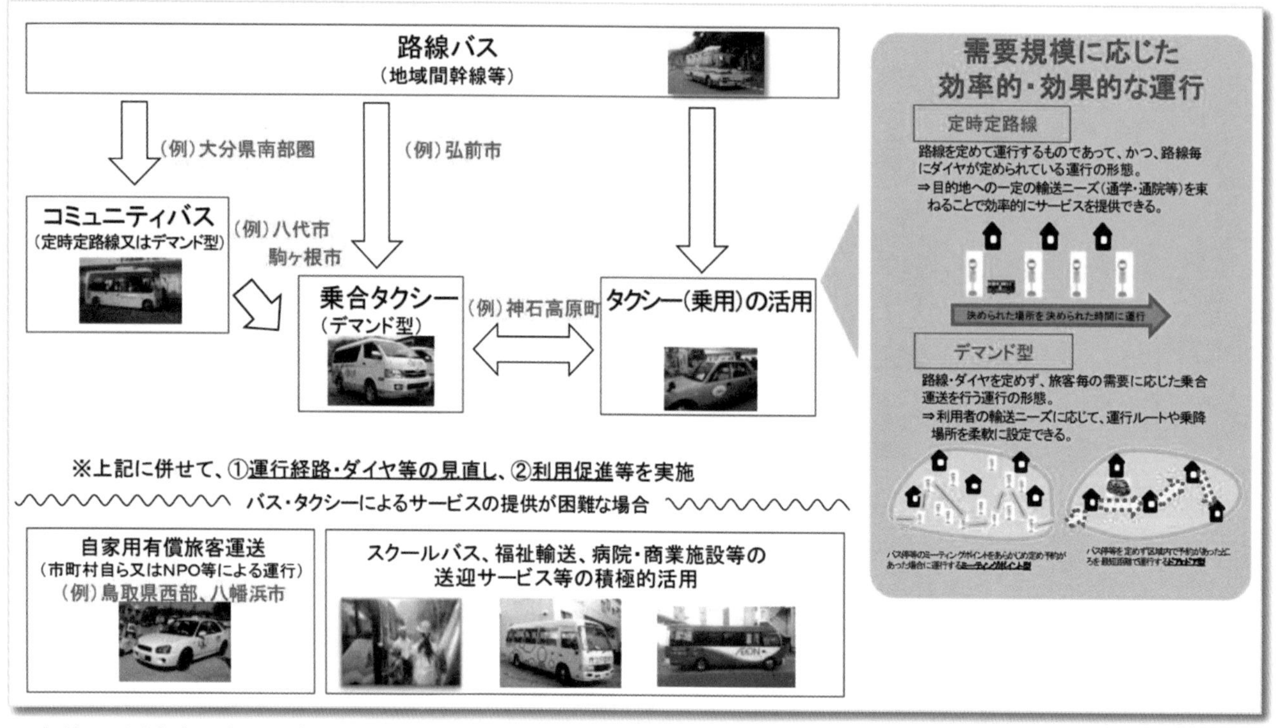

出所：　国土交通省　地域公共交通計画等の作成と運用の手引き　入門編 [5)]

公共交通のダウンサイジング（再構築）にあたっては、以下のような点に留意が必要である。

項　目	内　容
運営主体	・鉄道の第三セクター化やバス路線のコミュニティバス化、オンデマンド化では、運営の主体が自治体に移るケースが多い。 ・自治体での対応が困難な場合、地域と一緒になって、NPO 等による自家用有償旅客運送に活路を見出すケースも増えている。
持続可能性	・公共交通のサービスレベルが、中長期的に見て自治体の補助金の規模に見合ったものでない場合、サービスを継続することが困難になる可能性が高い。特にオンデマンド交通は、乗り合いが生じない場合はコスト高となり、自治体の負担が大きくなる傾向があるため、よりシビアな検証が必要である。
乗車定員	・鉄道や連節バスは 100 名超、大型バスは約 50 名、コミュニティバスのような小型バスは 30 名程度、デマンドタクシーなどで見られるワゴン車は 10 名程度、タクシーは 5 名程度である。 ・日中は閑散でも、通学時間帯は高校生で溢れかえるという鉄道路線もあり、乗り物（交通手段）の選択に当たってはピーク時の交通需要を十分に考慮する必要がある。需要を満たす乗り物を選択する他に、複数の乗り物を同時、または時間差で運行するという方法もあるが、運行コストが増加するため、運転手の確保も含めトータルでのメリット・デメリットを考慮する必要がある。
運行の自由度	・一般的に、ダウンサイジングにより運行の自由度は高まる。鉄道のバス化では単線のすれ違いなどダイヤの制限が、大型バスの小型化では乗り入れ場所や駐車場などの制限が緩くなる。
路線特性	・幹線のように比較的多くの人が同じ経路を利用する場合は「定時定路線」、利用者が分散している場合は「オンデマンド型」の交通手段が適している。

運行頻度	・ダウンサイジングにより乗り物にかかるコストは低くなるため、その分運行頻度を高める財政的な余裕ができる場合もある。運行頻度を高めれば利便性が高まるため、かえって利用客が増えたという例も見られる。

また公共交通の再構築にあたっては、交通機関が変わっても全体のサービスレベルを低下させないことも重要である。鉄道をバスやタクシーに転換すると、速達性や定時性が損なわれることが多かった。大型の車両が小型の車両になると、乗り降りのしやすさや車内の快適性が低下することもある。駅が廃止されてバス停になると、町の中心としての機能が低下する。こうしたサービスレベルの低下は避けられない面もあるが、運行頻度を今までより高める、バス専用レーンを設ける、乗り降りやバス待ちのしやすい停留所を整備する、バスセンターに人々が集う施設を誘致する、公共交通同士の乗り継ぎ利便性を高めたダイヤを設定するなど、サービスのレベルアップを同時に実施することで、全体のサービスレベルを維持ないしは向上させることが可能な場合も少なくない。公共交通の再構築にあたっては、地域の将来像を明確に意識した実効性の高い計画の策定が望まれる。

参考文献

1　令和4年度第1回交通政策審議会交通体系分科会地域公共交通部会（資料3）「今後の検討の方向性」

2　アフターコロナに向けた地域交通の「リ・デザイン」有識者検討会　「アフターコロナに向けた地域交通の「リ・デザイン」に関する提言（令和4年8月26日）」

3　国土交通省　「地域公共交通部会　中間とりまとめ　概要（2020年1月29日）」

4　国土交通省　「持続可能な運送サービスの提供の確保に資する取組の推進に向けて　概要」

5　国土交通省　「地域公共交通計画等の作成と運用の手引き　入門編」

第6章

提　言

第6章 提　言

「地域住民の健康で豊かな暮らしを確保し、持続可能な地域を実現する」ためには、自家用車がなくとも域内外の移動が可能な公共交通が整備され、かつそれが持続可能なものである必要がある。しかし、地域公共交通の現状を見ると、このままでは明るい未来を描くことが難しいように思われる地域も少なくない。

公共交通は、図表6-1のように地域住民、交通事業者、市町村、地域の企業、専門家などにより支えられているが、見方を変えれば、こうしたステークホルダーの考え方や行動が、将来の公共交通の姿を形作っていくとも言える。

私たちが住む市町村が、いつまでも住み続けられる地域であるために、私たちは今、自ら変化を起こす必要があると考える。本章では、今回の調査・研究のまとめとして、地域住民、企業、公的部門（市町村など）に対し以下の提言を行う。

図表6-1　公共交通を支えるステークホルダー

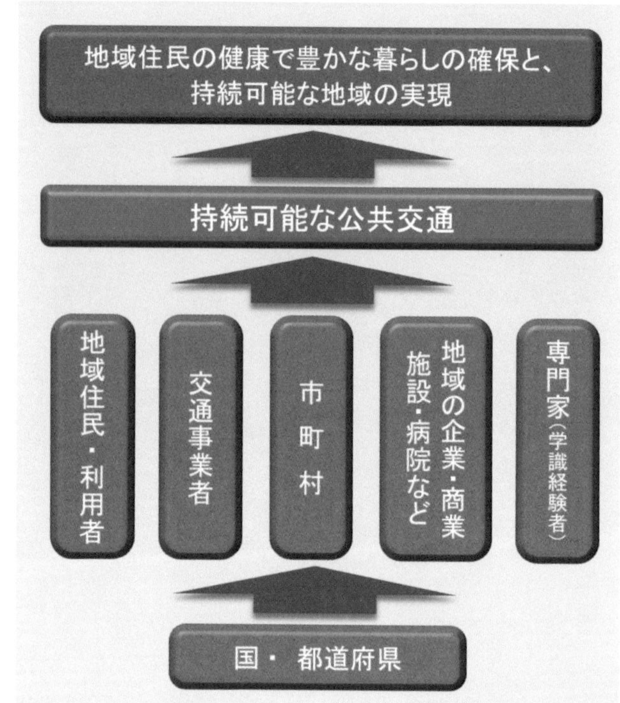

十六総合研究所作成

6.1. 地域住民への提言

公共交通の利用者が減少した理由として、「自家用車の普及」と「少子化」の影響が挙げられる。決して鉄道やバスの利用を減らすことを意図した訳ではないが、結果として私たちのこれまでの選択が、公共交通の衰退を招いたことは認めざるを得ない。少子化により日本人の将来的な公共交通の利用者増加が自然な形では望めない現在、自家用車から公共交通へのシフトを促進することが、公共交通を維持していくための現実的な解である。そしてそれは、私たちのこれからの選択次第で実現可能なことでもある。

利用者が減少するなか、交通事業者や行政だけで公共交通を支えるには限界がある。かつては「公共交通は、交通事業者や行政（国や自治体）が決めることで、私たちはそれを受け入れるだけ」という受け身の考え方が一般的であった。しかし、私たち地域住民の選択により、公共交通の未来が決まる時代が始まっている。「健康で豊かな暮らしを確保し、地域の持続可能性を高めていくには、自分たちの公共交通に対する認識や行動を変えていく必要がある」ことに気付き、「公共交通を利用できる人はできる限り乗る、利用できない人も資金を負担するなど主体的に支援・協力する」という意識・行動の変化が広がることを期待したい。

地域公共交通の維持を図るために、私たち地域住民にできる行動

- **公共交通に乗る。**
- **公共交通維持のために資金を負担する。**

6.1.1. 「自分の都合」から「地域を残す」という発想への転換

この 20 年ほどの間に、地方の公共交通を取り巻く環境は大きく変わった。利用者の減少により、バスや鉄道の存続が危ぶまれている地域もある。自家用車で好きなときに好きな場所へ自由自在に移動できる生活に慣れてしまうと、これを元に戻すのは難しい。バスや鉄道は、利用者が減れば減便や値上げを余儀なくされ利便性が低下する。すると人々はますます公共交通に乗らなくなり、交通事業者の収益は圧迫される。車両の更新や設備の改修などに資金が回らなくなることで快適性は低下し、さらに乗客が減るという負のスパイラルが発生する。このようにいったん公共交通のサービスレベルが低下すると、そこから利用者を増やすことはさらに厳しくなる。

もし公共交通がなくなれば、自分が住む地域は衰退し、居住が困難なエリアになる恐れがあるにもかかわらず、普段バスや鉄道に接していない住民の意識は低く、危機感が共有されていない地域も少なくない。「車があるから問題ない」と思っていても、数十年後、自分自身が運転免許を返納したときには、日常生活の足としての公共交通が不可欠となる。私たちが地域に末永く住み続けるためには、公共交通が存続し続ける必要があるが、そのためには私たちの意識の変化と、それに伴う行動の変化が欠かせない。自分の住む地域の未来は、今の自分の行動にかかっているという認識を住民全員が共有し、「自分の都合」から「地域を残す」という発想へ、地域の持続可能性を維持していくという発想へ転換していくことが望まれる。

6.1.2. 公共交通存続のための財源は私たちの意志で

日本では、公共交通の「財源」に対する地域住民の理解・認識が十分であるとは言えず、それに対する議論も十分に行われているとは言い難い。欧米諸国のような法的・制度的な支援の仕組みも不完全であり、営業赤字を理由に路線の撤退が進むケースも見られる。このような状況が生じた原因として、以下の 2 点が挙げられる。

① 自家用車しか乗らない人や、駅やバス停から離れた地域に住む人にとって、公共交通は「自分とは関係ないもの」と捉えられがちであり、公共交通を残そうという目的意識が広く共有されているとは言い難いこと。

② 社会的便益を考えれば黒字であるはずの公共交通について、その維持のために生じた営業赤字を誰がどのように負担するかという点が曖昧（あいまい）となり、実態として基本は事業者負担、最低限の生活交通のみ国や自治体が負担するという仕組みが定着してきたこと。

現状、公共交通の維持に必要な財源には、主に国や自治体の補助金が充てられている。すなわち、間接的ではあるが、私たちはほとんど意識することなく公共交通維持のための金銭的な負担をしていることになる。しかし、今まで以上に公共交通に対する理解・認識を深め、現状に危機感を持ち、必要な財源の負担の在り方について積極的に議論を行っていく姿勢が、私たちには必要ではないだろうか。公共交通の存続は地域の活力の維持に欠かせない。そのための資金を自主財源で賄うことは理にかなっており、一部自治体で「交通税」導入の議論が始まっているのは好ましい傾向である。

図表 3-4 は、今回実施したアンケートで、回答者に本提言の趣旨（公共交通維持の重要性）を読んでも

らい、読む前と後で公共交通に対する資金負担の考え方に変化があったかを表したものである。本提言の趣旨を読んだ後に「地域のために、税金などにより利用しない人も一定の負担をしていくとよい」と答えた人が 8.2 ポイント増加していることから、地域住民の理解・認識が高まれば、より前向きに公共交通の運営費を負担していこうという考えが広がることが期待できる。

図表 3-4　再掲

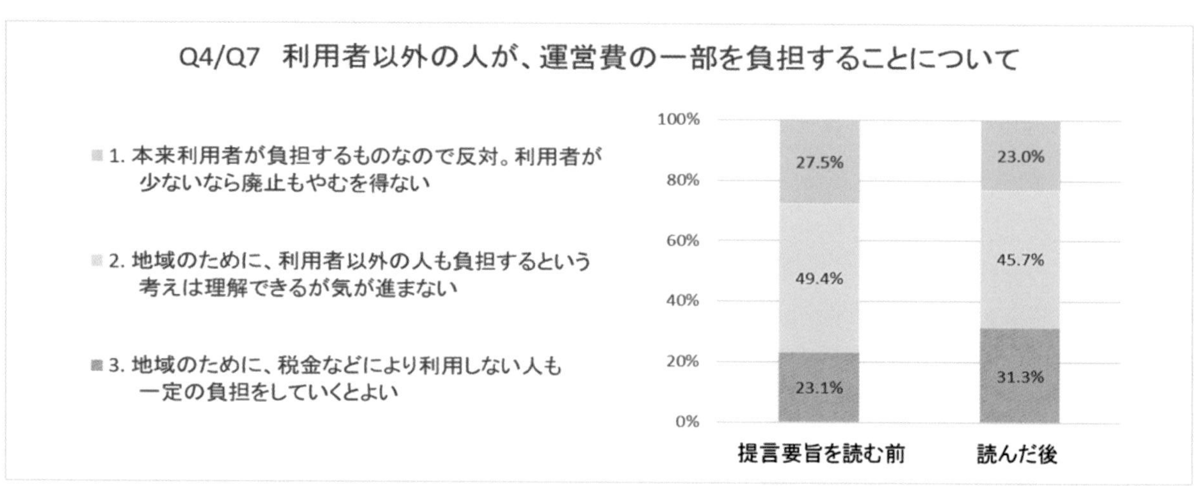

地域によって交通事情は全く異なるうえ、公共交通事業者の経営状況や自治体の財政状態もまちまちであるため、赤字補填に関しては、補助金、財政支援、交通目的税などの中から、どの手段を選択するか、あるいはこれらをどのように組み合わせるかには、さまざまな判断があり得る。私たちはこのような情報に積極的に接することで公共交通に対する理解・認識を高め、将来にわたる公共交通の在り方を能動的に考え、決定に関与していくことが必要である。

6.1.3. SDGs の達成

SDGs は、「誰一人取り残さない（leave no one behind)」持続可能でよりよい社会の実現を目指す世界共通の目標であり、世界中がその達成のために努力を積み重ねている。公共交通機関の重要性を考える上では、特に目標 11 の「包摂的で安全かつ強靱で持続可能な都市及び人間居住を実現する」や、目標 12 の「持続可能な生産消費形態を確保する」、目標 13 の「気候変動及びその影響を軽減するための緊急対策を講じる」が関連する。

目標 11 では「2030 年までに、脆弱な立場にある人々、女性、子ども、障害者及び高齢者のニーズに特に配慮し、公共交通機関の拡大などを通じた交通の安全性改善により、すべての人々に、安全かつ安価で容易に利用できる、持続可能な輸送システムへのアクセスを提供する」というターゲットが示されている。私たちは、自分で自動車を運転できない人（子ども、障害者、高齢者など立場の弱い人）も誰一人取り残されることなく、安全かつ安価で容易に公共交通を利用できるような世界を実現するという世界共通の目標に向かって進んでいくことを、一層強く認識しなければならない。

目標 12, 13 では、私たちが、利便性優先ではなく「環境に配慮した輸送手段を選択する」という思考とライフスタイルへ転換していくなかで、自家用車の利用の抑制や、より環境負荷の低い交通機関へのシフトといった、気候変動及びその影響を軽減する行動を自ら選択していくことが求められる。4 章で述べたように、不特定多数の人々が乗り合いを行う公共交通機関は、自家用車に比べエネルギー効率が高く環境負荷が低い。しかし自家用車の方が便利だと感じる点も多く、既に自家用車を所有している人にとっては、決定的なインセンティブがない限り、公共交通に移行することは困難であろう。自家用車から公共交通へのシフトは、環境保全の観点から見ても地域全体・国全体で推進すべきテーマと言える。欧州では、町の中心部への自家用車の乗り入れを制限し、徒歩や公共交通中心のまちづくりをしている地域が見られる。住民のSDGsに対する意識は高く、そのような町に住んでいること自体が、住民の満足や誇りに繋がっているという。欧州の都市部と日本とでは諸事情が異なるのは言うまでもないが、環境負荷が低い生活を自ら選択するという価値観は、日本においても広がる余地は十分にあると考える。

自家用車の乗り入れ制限のような徹底した環境保全策は、日本では上高地など特定の地域で実施されているものの一般的ではない。しかし、それに似た成果を、私たちの日常生活の中で実現することは不可能ではないと考える。自家用車中心の生活スタイルを一気に変えることは困難を伴うものの、例えば車で出かける日数を週6日から週5日にし、1日は公共交通を使ってみる。買い物の量が少ない日は、自家用車ではなくバスを使ってみる。自家用車で行くつもりだった週末の家族旅行も、たまには鉄道を利用してみる、といったような小さな変化を住民一人ひとりが起こせば、地域全体でのインパクトは大きなものとなるだろう。地域の持続可能な発展のためにも、今までのような環境負荷に目をつぶり利便性を優先した生活スタイルを、少しずつ変えていくことが求められている。

6.1.4. 公共交通利用者のマナー向上

近年、運転手のなり手不足が社会問題となっている。特に過疎地では、バスやタクシーの運転手が慢性的に不足しており、それが理由で路線の縮小や営業エリアからの撤退を余儀なくされる地域も散見される。そこで運転手の求人に応募する人が少ない理由を明らかにすべく、アンケートを実施したところ、「運転手になりたいとは思わない」理由として「マナーの悪い乗客など接客への不安」が大きな割合を占めた。

図表3-7　再掲

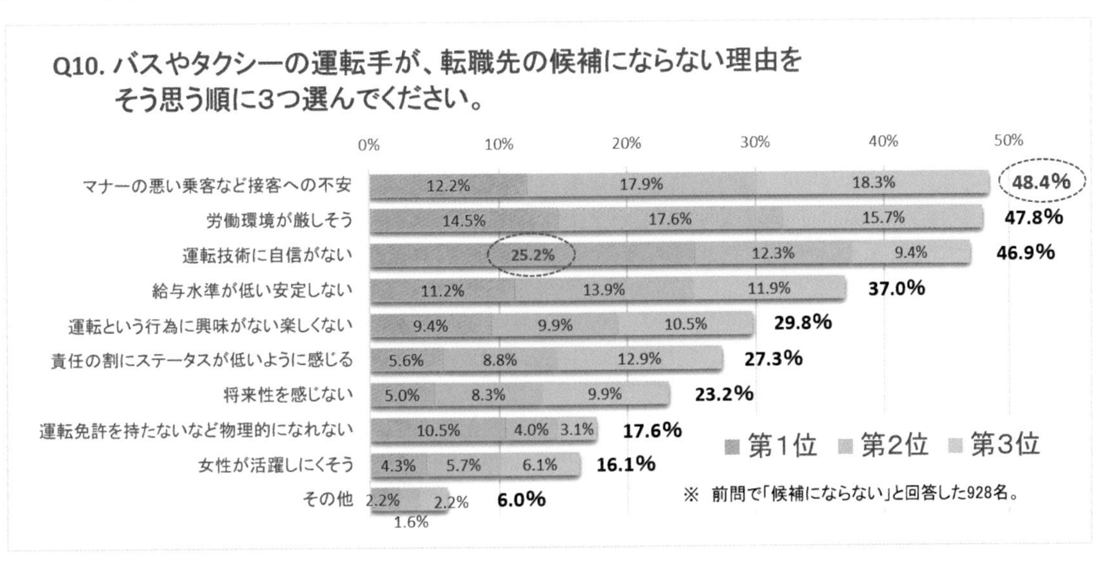

バスの場合、混雑時に1人で複数の座席を占領する人、かばんを背負ったままの人、咳やくしゃみ、大声でしゃべるといったマナーの悪い人などが、タクシーの場合は、酒に酔って横柄な態度を取る人などが少なからずいるため、毎日多くの乗客を乗せる運転手としては、こうしたマナー違反の乗客への対応が大

きなストレスとなっている。乗客の乗車マナーが改善されれば、それが理由で運転手を避けていた人が求人に応募することが期待できる。

もっとも、2位の「労働環境が厳しそう」や3位の「運転技術に自信がない」とは僅差であるため、利用者のマナー向上だけで状況が劇的に改善するとは思えないが、利用者である地域住民の乗車マナーに対する意識の変化が、運転手のなり手不足の問題改善に繋がる可能性があるという視点は、新たな「気付き」であると言えるのではないだろうか。バスやタクシーの運転手は、他業界に比べ高齢な方が多いため、新規採用が滞ると運転手不足はますます深刻化し、地域の公共交通網の維持が一層困難となってしまう。公共交通が持続可能であるためにも、私たち地域住民には、今まで以上に乗車マナーの向上が求められる。

6.1.5. 50代、60代からの意識改革

50代、60代では「まだまだ車が運転できる。公共交通は車が運転できなくなってからでもよい」と考える人が多いかもしれない。しかし将来、自家用車を運転できなくなったときの生活への備えとして、若いうちから以下のような意識を持つことが重要であると考える。

① 若いうちから公共交通に慣れておく：　車が運転できなくなってから公共交通を利用するということは、実は容易ではない。公共交通を利用するには、バス停まで歩く必要があったり、ダイヤを調べて予約をする必要があったりするなど、それなりに負担がかかる。一口で言えば「面倒な」ことであり、若く元気なうちから慣れておかないと、高齢になってからでは対応が困難になる。車を手放した後でも、それまでと変わらない健康的で満足度の高い生活を送るためには、若いうちから公共交通を利用する機会を自ら積極的につくっていくことが重要である。

② 若いうちから交通需要の維持に貢献する：　公共交通の需要が減れば、減便や廃線を余儀なくされるため、自分が年を取ったときに、今と同じように公共交通が残っているとは限らない。今のうちから可能な限り公共交通を利用し、交通需要の維持に貢献することは、将来の自分の移動手段を確保することに繋がる。

③ 若いうちからスマホアプリに慣れておく：　人口が減少するなか、公共交通のサービスレベルを維持していくためには、運用効率の向上が不可欠だ。ITやAIの進化は、地方の公共交通の効率を大きく向上させる鍵となる。オンデマンド交通を例にとれば、従来の電話による予約スタイルが、スマートフォンとAIによる自動運営に移行し、その運用効率は大きく向上している。高齢になるほど、新しいデバイスを使いこなすハードルは高まるため、若いうちからスマホアプリに慣れておくことも大切だ。

6.2. 企業への提言

企業には、従業員に対して公共交通の積極的な利用を促すことで、公共交通の維持・発展に大きく貢献できる余地がある。公共交通で行ける場所であれば、通勤や出張に際して、電車やバスの利用を積極的に推進してはどうだろうか。マイカー通勤から徒歩・自転車・公共交通への転換を奨励した大手自動車メーカーによれば、市内の渋滞緩和にもプラスの影響が及んでいるという。

また、企業も公共交通の受益者であり、自社店舗へのアクセスや従業員の通勤・ビジネスでの利用、観光客の利用、地域の活性化などを通じて、公共交通による直接的・間接的なメリットを享受している。フランスにおける交通目的税の徴収先が域内企業であるというのも、そうした理由からである。寄付や協賛金などによる資金支援、公共交通拠点（バス停など）の誘致など、公共交通から得た便益を社会に還元することを通じて、地域公共交通を支えていく動きが一層盛んになることを期待したい。

地域における企業の存在は大きいため、その主体的な関与は、地域公共交通を支える大きな力となるだろう。

6.3. 公的部門への提言

全国的な人口減少のため、公共交通の存続が問題になっている地域は多い。多くの自治体や交通事業者はこの課題に真摯に取り組んでいるものの、満足な結果に結びついた例はそれほど多くないように思われる。補助金の増大、運転手不足などにより、現在の公共交通のサービスレベルを維持していくことに不安を感じている地域も少なくない。そこで国や自治体（行政）に対しては、以下の5点を期待したい。

6.3.1. 適材適所と一所懸命

最新の技術を用いた実証実験を行ったが何にも活かされなかった、トップダウンで新しいシステムを導入したが全く使われていない、他地域で実績がある仕組みを導入したがうまくいかない、といったように、努力をしているのに、それが実を結ばないという話をよく耳にする。その理由のひとつとして、名古屋大学の加藤博和教授（巻末インタビュー参照）が提唱する「適材適所」と「一所懸命」が欠けていることが考えられる。

「適材適所」とは、検討のための時間や資金（補助金等）、人的資源（運転手等）が限られるなかでも、住民の移動ニーズに最も適した、持続可能な公共交通を実現していくという考え方である。人口のちらばりや住民の移動状況、移動ニーズが全く同じという地域は二つとないため、住民の真のニーズを察知し、その地域の現況にふさわしい交通手段とその運用を実現していく必要がある。

「一所懸命」とは、地域公共交通に関わるステークホルダー（地域住民、公共交通の利用者、交通事業者、自治体、企業など）が、持続可能な地域を創っていくという同じベクトルを共有し、対等の立場で真剣に議論を重ねていくことを意味する。小さな意見の相違を乗り越えるなかで相互の信頼関係が生まれ、地域が一体となって課題に取り組むことで真に役立つ公共交通を実現するものであり、地域公共交通会議などの有効な利用が期待される。

これらは一見わかりやすい概念ではあるが、住民の真のニーズを把握するのが難しいことや、ニーズに対して最適な交通機関・運用を結びつけるノウハウ・経験を持つ人材が限られていること、利害関係が絡むと地域が一枚岩になるハードルが上がることなどにより、実践が容易ではない場合もある。自力での解決が難しい場合は、中立的な立場にある専門家の意見を聞く、あるいは地域公共交通会議に招へいするといった方法も有効である。

6.3.2. ボトムアップアプローチ

現場の事情に精通していない人が交通政策を決めてしまった結果、かえって利用者の減少を招いてしまったという話も聞く。持続可能な公共交通は、地域住民の真のニーズを満たしてこそ存続できるものである。そのためには、真のニーズを徹底的に調査・把握し、それを実現する手段・方法を模索するボトムアップのアプローチが必須であり、一般的にアンケートとヒアリングがよく行われている。

① アンケート

アンケートの特性と限界を認識したい。利用者アンケートは、実際に公共交通を利用している人のニーズをある程度捉えることができるが、公共交通を利用しない人のニーズはわからない。存続のためには利用者を増やすことが重要であり、その鍵は既に利用している人というよりは、現在利用していない人が握っていると言える。また回答にあたっては責任が伴わないため、回答者は自分の希望を全部盛り込みがちだ。バスの本数が１本よりは２本の方が良いに決まっているが、本数を増やしたら実際に乗るかというとそうとも限らない。アンケートでは夢や希望がわかっても、実需や潜在的なニーズまで把握するのは難しい。

② ヒアリング

ヒアリング対象者が地域住民の生活事情に精通しているならば、有力なアドバイザーになり得るだろう。１丁目には病院に通う人が４人住んでいるが、バスの時間が合わなくて困っている、２丁目には来年高校に通う子が住んでいる、３丁目のおじいさんは間もなく免許を返納する。こうした情報は、地方交通の再構築を考えるのに有益だ。一方で、ヒアリングの対象者が地域の実情をよく把握していない場合には問題が生じる。「あそこにバス停ができると人が乗るだろう」という意見がその人の思い込みにすぎない場合、バス停ができても誰も乗らないことになりかねない。

このように「地域の声」を集めるのは簡単ではない。しかしそれをやらないと、住民を全く無視した公共交通となってしまい、利用客はますます減少していくだろう。特に過疎地においては、地域に土地勘があり、住民の生活実態にある程度精通した担当者が地道に地域を回り、真のニーズを探るのが良いと思われる。その担当者は、自治体職員でも、委嘱を受けた調査機関の社員でも、交通事業者の職員でもよいが、いずれにしても公共交通の再構築を通じて地域を活性化させ、住民の生活満足度を高めたいと心から願い、精力的に行動する人物であることが期待される。そうした担当者が把握した地域のニーズから、ボトムアップアプローチで、それを最も効率的に実現する交通手段や運用方法を、先入観なく検討しかたちにしていく。なかなか難しいことではあるが、トップダウンよりは外れが少ない方法であると考える。

6.3.3. 啓発活動の推進

日ごろから、公共交通に関心を寄せている人はそれほど多くない。ましてや自家用車の利用がメインの人は一般に関心が薄い。自分がバスに乗るとは思ってもみない人が、自ら進んで公共交通に関する情報に接することはあまりないだろうし、公共交通維持のために税金が使われていることに違和感を覚えたとしても不思議ではない。今回実施したアンケートで、回答者に本提言の趣旨（公共交通維持の重要性）を読んでもらい、読む前と後でバスや鉄道に対する考え方に変化があったかを尋ねたところ、3分の1が乗る回数を増やしたり、金銭的な負担を増やしたりしてもよいと考えるようになった。

図表 6-2　バスや鉄道に対する意識の変化（県別内訳）

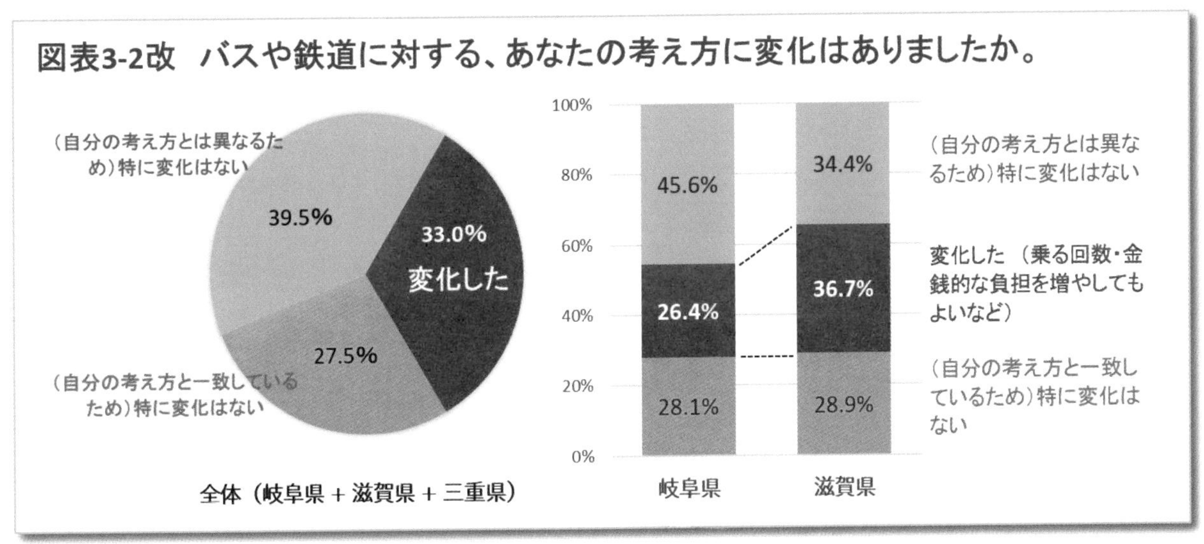

この結果は大きな希望である。欧州では公共交通は地域全体で支えていくものというコンセンサスが出来上がっているが、日本でなかなか一枚岩になれない理由は、決して日本人の多くが公共交通の支援に否定的な考えを持っているからではなく、単に公共交通の重要性が認識されていないからであると考えられる。図表 6-2 は、本質問に対する回答結果の県別の内訳であるが、「考え方が変化した」と回答した割合は、滋賀県（36.7%）の方が、岐阜県（26.4%）より10.3ポイントも高くなった。その背景には、滋賀県では近年、近江鉄道の存続や「交通税」の導入に関する議論を通じて公共交通の在り方に関する社会的な

公共交通への理解を深める啓発活動

岐阜市は、岐阜バス（岐阜乗合自動車株式会社）と協働で、市内の小学生を対象に「学校モビリティ・マネジメント（乗り方教室）」を開催している。子どもの頃からバスに乗る体験をすることで、また SDGs や交通マナーについて学ぶことで、公共交通への理解を深める試みである。公共交通の維持は、今や国家的な課題であり、このような啓発活動を、教育プログラムの中に、より積極的に組み込んでいくことは有益であると考える。

大人に対して、例えば自動車学校の授業や自動車運転免許の更新の際などに、公共交通の重要性を学ぶ機会を拡充していくことも、公共交通への意識を高める有効な方法だろう。

学校モビリティ・マネジメント（乗り方教室）の様子
写真提供： 岐阜乗合自動車株式会社

関心が高まっているという事情があり、全く同じ文章（本提言の趣旨）に対して、より多くの人が前向きな反応を示したものと思われる。

以上から、今まで必ずしも十分とは言えなかった啓発活動をより積極的に行うことにより、人々の公共交通に対するスタンスをより前向きなものに変化させていくことが可能であると考える。

6.3.4. 自家用車から公共交通への移行促進

高齢者の運転免許返納は今後も増えていくことが予想されるが、免許返納後は外出頻度が低下することが指摘されている。外出が億劫（おっくう）になり体を動かさなくなることで、身体能力が低下したり、交友範囲が狭まったりして、精神的な孤立を招くリスクも高まる。こうした状況に陥ることを未然に防ぐには、「公共交通を利用して移動する」という需要そのものをつくり出す施策が有効である。例えば、

① 運転免許返納のかなり前から公共交通機関を利用し、その使い方や自分の足で歩くことに慣れてもらう取り組み

② 高齢者に喜ばれるような外出機会、交流場所を創出し、運転免許返納後も、高齢者が自ら公共交通機関を利用して、引き続き外出することを促す施策

③ 運転免許返納を促すために、各自治体が実施しているインセンティブ（公共交通機関の割引券、無料券、パスポート等の配付）の充実

などが有効と考えられる。③は利用者からも評価が高いが、このようなインセンティブは、運転免許返納後の一定期間のみ（または一定額まで）を有効とするケースが多い。利用者からは恒久化を期待する声が大きく、内容の一層の充実が望まれる。

高齢者の自動車運転による交通事故率は相対的に高いため、このような取り組みは、運転免許返納後もその地域で生活し続けることに対する安心感、満足感に繋がり、運転免許の自主返納と公共交通の利用を同時に促進するという二重の効果が期待できる。

6.3.5. MaaS 同士の連携の推進

地方に旅行や出張で出かけるとき、どのような交通機関を利用してその旅程をこなすかを検討するだろう。しかし、公共交通機関を利用しようとしてインターネットで検索しても、期待する web サイトにスムーズにたどり着けるとは限らない。乗換検索サイトで時刻表を検索し、駅にコインロッカーがあるかどうかを確認し、地元のバス会社の web サイトで発車時刻を確認し、到着先のバス停から目的地までの地図を検索する。結構な手間であり、結局「コインロッカーが空いているかどうかもわからないし、カーナビなら迷うこともないから、やはり自家用車で行くことにしよう」という判断になってしまうこともある。この煩雑さを解消するのが MaaS アプリや MaaS 機能を有した web サイトなのだが、自分が立てた旅行計画に最適な MaaS にアクセスできるかという不安、また複数の地域を訪れる場合に地域ごとの MaaS アプリをダウンロードする煩雑さや、利用の際に個人情報の入力を求められる場合もあるなど、誰もが悩まずに、簡単に使えるとまでは言えない状況だ。

図表 6-3　データ連携の方向性（イメージ）

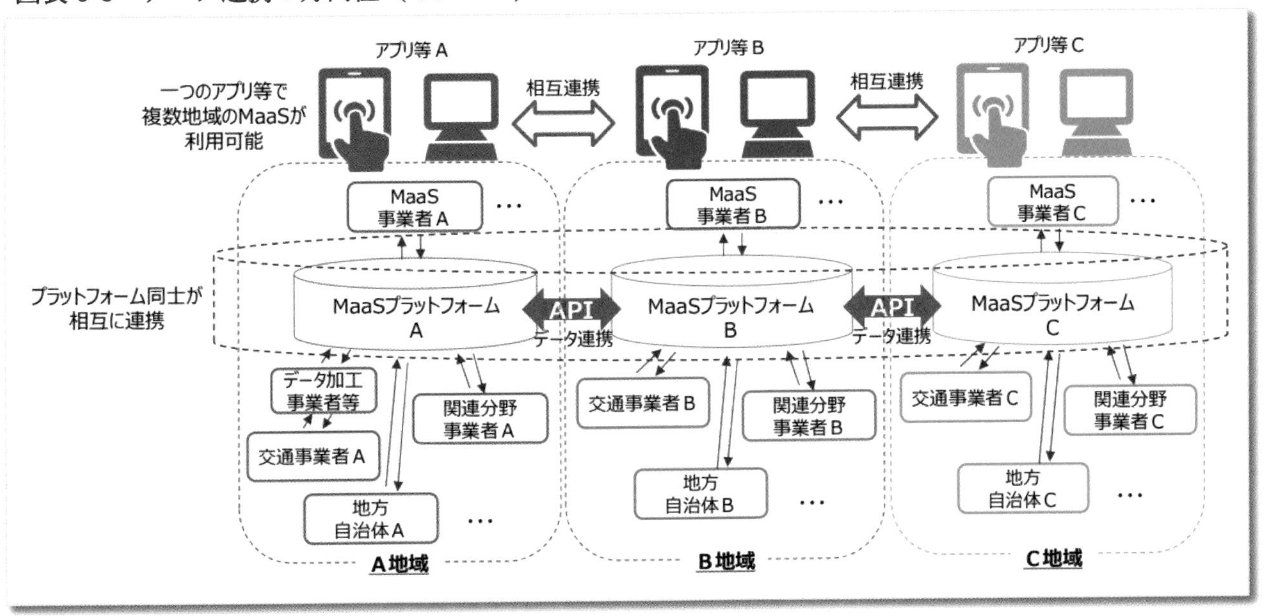

出所：　国土交通省　MaaS 関連データの連携に関するガイドライン Ver.2.0

そこで、MaaS 同士の連携が注目されている。これは、ひとつの MaaS アプリから複数の MaaS アプリのサービスを利用できるようにするもので、MaaS の裏側で動作するプラットフォームのデータを事業者間で相互に連携すること（API 連携）により実現する。現在、地域のローカル MaaS は、乗換検索、オンデマンド交通予約、キャッシュレス決済、特典付与に関して、各地域に特化した機能（例：1 日乗車券、施設割引などとのセット券）を含むサービスの拡張を進めているが、API 連携により、例えば広域 MaaS のアプリをダウンロードすれば（または MaaS サイトに接続すれば）、地域の多彩なローカル MaaS の情報にもアクセス可能となる。国土交通省は、MaaS のデータ連携において、関連するデータが円滑に、かつ、安全に連携されることが重要であるとし、API 連携を推進すべく、「MaaS 関連データの連携に関するガイドライン」を策定している。

日本中の MaaS を一気に連携することは難しいため、特定の地域内での MaaS の連携を優先的に進めるのが現実的である。この際、連携の目的によってその範囲を定めるのが良いだろう。例えば、地域住民へのサービス向上が目的なら近隣自治体同士、観光振興が目的なら観光客の流動を考慮した地域同士（例：岐阜県への観光誘客なら流動が大きい東海地区や北陸地区の自治体など）の連携が有効と考えられる。

また MaaS の運営にあたっては、以下の理由から自治体が積極的に関与する意義は大きい。

- 観光客や訪問客へ地域の情報を提供する有力なチャネルとなるため、地域活性化の効果が期待できる。
- 地域公共交通計画や、まちづくりの方向性に沿った MaaS を設計できる（施策を MaaS の仕組みに反映させやすい）。
- MaaS に交通以外（他分野連携：観光、物流、医療・福祉、小売、教育等）の機能を持たせる場合に、企業間競争などで調整が難しいケースもあり得るが、行政が旗振り役を務めるとまとまりやすい。
- MaaS 事業は収益性が必ずしも高いとは言えないため、行政による金銭面での支援が必要な場合もある。

旅行前に旅先の情報を web で集める人は多い。誰もが簡単に地域公共交通の情報を得ることができるようになれば、公共交通を利用するハードルは低くなり、自家用車からのシフトを誘発することが期待できる。MaaS や API 連携の普及においても、自治体の積極的な後押しを期待したい。

第7章

特別インタビュー

第8章

十六総合研究所の取り組み

地域公共交通を考える

2022 年度提言書アドバイザーを委嘱しております 加藤博和教授に、地域公共交通について伺いました。

加藤 博和 教授

名古屋大学大学院環境学研究科附属持続的共発展教育研究センター教授
地域公共交通プロデューサー
国土交通省交通政策審議会 委員（2023 年 3 月 12 日まで）
内閣府地方分権改革推進有識者会議地域交通部会 構成員
(一財)中部貸切バス適正化センター 会長
十六総合研究所　2022 年度 提言書アドバイザー

地域公共交通は、どのような面で重要なのでしょうか。

自家用車がなくても誰もが自由に移動できる社会の実現、これは SDGs でも求められています。地域公共交通がないと、交通弱者と呼ばれる子供、学生、高齢者、障がい者、免許を持たない人などが生活に困る。特に高校生は、卒業後、みんなまちから出てしまい戻ってこない。「交通が不便な地域」には誰も住みたくないのです。地域公共交通があれば、だれかに送迎を頼むことなくおでかけでき、気軽に呑みにいくこともできるし、怪我で車が運転できなくなっても生活できる。生活の幅が広がるし、万一の場合の保険の意味合いもあります。

地域公共交通をうまく整えれば、人流は活発化し、地域の発展につながります。ですから持続可能な地域をつくるためには、生活の役に立つ地域公共交通の確保が欠かせないと考えます。

現在、日本各地の自治体に「地域公共交通会議」があり、それぞれ自らの地域の公共交通の在り方を決定しています。この制度を発案したのは、加藤教授であると伺いました。

以下の二つの経験が、地域公共交通会議を思いつくきっかけとなりました。

一つ目は「生活バスよっかいち」に関わったこと。三重県四日市市羽津いかるが地区で路線バスが廃止されたのに伴い、地域住民が主体となり、地域企業等の協力（パートナーシップ）を得つつ、地域自身が求める公共交通を自分たちの手で企画・運営するという、当時としては画期的な取り組みでした。今年でちょうど 20 年の節目を迎えましたが、今も走り続けています。私はこの取り組みを見て、住民、沿線の企業、交通事業者、自治体等が一緒になって地域公共交通を考え、維持していくことが大事だと深く認識しました。

二つ目は、CO_2 削減に関するステークホルダー会議に参加したこと。実は私の本来の専門分野は交通・都市の CO_2 削減方策なのです。その会議では、様々な分野から 100 人くらいの方が参加し、それぞれの立場で真剣に発言していました。はじめは話がほとんどかみ合わなかったのですが、やがてお互いを理解し合い、最終的にはみんなが納得できる結論に至りました。利害関係者が一堂に会して真剣に議論すれば、対立をも乗り越えられる。これを熟議と言うのだそうです。その様子を見ていて、このやり方を地域公共交通に取り入れられないかと思いついたわけです。

そこで、その後参加した国土交通省の検討会で提案したところ、道路運送法改正の際に新しい制度として取り入れてくれた。それが現在では全国の大半の自治体で開催されています。

この会議を利用するなどして、立場は異なっても同じ目的意識をもって、議論を重ねる中で信頼関係をつくっていくことが大事だと思います。

先生が大切だとおっしゃる「一所懸命」が地域公共交通会議の制度と重なりますね。

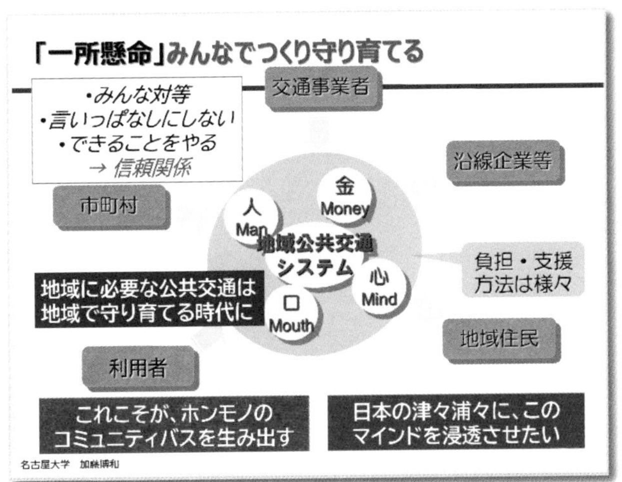

まさに地域公共交通会議がそうあってほしいのですが、地域の公共交通をどうしていくかについては、住民、利用者、地元の企業、交通事業者、自治体といったステークホルダーが、対等の立場で真剣に議論を重ねることが大切です。それによって、相互の信頼関係が生まれ、熟議ができるようになった結果、本物のコミュニティ交通が実現するのです。その過程を、私は「一所懸命」と呼んでおり、地域に役立つ公共交通を作っていくには欠かせないことだと思っています。

一方で、一般にコミュニティバスと呼ばれているものは、市町村が主体となって運行するバスのことを指していて、「一所懸命」の過程を経ていないものが多く、それが地域に合った公共交通とならない理由だと思っています。

先生の肩書のひとつ「地域公共交通プロデューサー」とは、どのようなお仕事ですか。

私が自分で決めた肩書なので、公的資格などではありません(笑)。

「アンケートをすれば、住民のニーズがわかる」と言う方がいるが、実際あまり役に立ちません。アンケートで希望が多かったのでバスを走らせたが、誰一人乗らなかった、という話は非常に多い。そりゃ「バスがあったほうがいいですか」と聞かれれば、皆さん「欲しい」と言います。でもみんな車を持っていたり、バスがなくても生活してきた人たちばかりですから、わざわざバスに乗ろうということにはならないのです。私はこの現象を「乗る乗る詐欺」と呼んでいますが、住民には何の罪もなく、単にこれがアンケートの限界だということなのです。

本当のニーズは、ワークショップやグループインタビューなど、住民一人ひとりと顔が見える関係を築いて、膝と膝を突き合わせて話をしないと、なかなか見えてきません。潜在的に必要なものは、本人も気付いていないことが多いからです。したがって、せっかくできた路線に乗っていただくためには、運行開始後に乗車していただけるような普及啓発活動まで行う必要があります。

私が自ら名乗る地域公共交通プロデューサーとは、上からあれこれ押し付けるのではなく、地元を回り、地元の人の声に耳を傾け、一緒に汗をかいて、ときには悪者にもなり、結果としてその地域の公共交通が、地域に合った持続可能な姿になるよう地域と一緒に考え、地域公共交通会議や住民懇談会などを通じて方向性を見出し、地域の本当の夢をかなえるものをつくってみせる、そんな仕事ですね。

地域公共交通は「適材適所」でなければならないと伺いました。

地域によっておかれた状況やニーズが異なることから、地域に合った公共交通はオーダーメイドにならざるを得ないのです。鉄道の乗客が減ったらバスにして、バスの乗客が減ったらデマンドにする、そんな単純なものではありません。また、ある施策がどこかの地区でうまくいっていたとしても、自分たちの地区で同様にうまくいくとは限らない、いや、ほぼうまくいかないと言ってよいと断言できます。

例えばオンデマンド交通。タクシーのようにドアツードアの移動サービスを、自治体の補助で安く利用できるため日本中で増えています。でも、これを導入するのにも、適した地域と適していない地域があります。十分な検討がないまま、「隣のまちで人気があるから、うちもやってみよう」ということで始めてみたら利用が少なかったり、逆に利用は多いもののうまく乗り合いが発生しないために運行が多くなって、補助金が多額になったり運転手が足りなくなったりして結局維持できなくなったなど、成功とは程遠い例はすでに山ほどあるのです。

導入した交通手段が持続可能で、住民に感謝されるものになり得るのかは、専門でない人にはなかなか判断できません。中立的な立場のしっかりとした専門家に相談しながら進めるのが良いと考えます。

2005年に岐阜市の市内電車と美濃町線等郊外を結ぶ路線が廃止されました。事業者であった名鉄は、最新鋭の車両の投入など、サービスアップに随分力を入れてきましたが、需要の減少や、狭い道路などはどうしようもなかった。補助金を出せば残せただろうが、地域も、多額の維持費を負担し続けることは現実的ではないと考え、バス転換を受け入れたのでしょう。

鉄道好きの自分にとってはとても残念でしたが、これも、ひとつの「適材適所」の判断だったと思います。市内電車がなくなっても、維持費が安く済むバスがもともと走っています。市内の交通渋滞が悪化することはなく、線路が撤去された道路は格段に走りやすくなりました。市民の足を守るという地域公共交通のミッション（使命）は、バスがしっかりと果たしています。それぞれの場所で、ミッションを達成するために「1番費用対効果が大きい方法は何か」を追求することが、持続可能性という観点から大事です。

鉄道がなくなったからまちが寂れる、という人がいます。そういう例がない訳ではないが、多くは順番が逆で、「みんなが車で移動するようになり、郊外のショッピングモールで買い物をするようになったため、中心市街地の魅力が低下し、そこに向かう鉄道が必要とされなくなってしまった」というのが実情です。まずはどのようなまちづくりをするのかという計画があり、そのために必要な輸送手段を「適材適所」の観点から選定するという姿勢が大切です。

なお、MaaSや自動運転、オンデマンド交通やライドシェアといった新しい技術や仕組みが脚光を浴びていますが、これらとて「適材適所」でないとまるで役に立たないし、適材適所となる範囲はそれほど広くないということも申し添えておきます。

日本中でコンパクトシティを目指す動きが見られます。

私は、みんなが行きたい場所が市街地に集中し、そこに人が集まることがコンパクトシティの良さだと思っています。それはただ密度が高いというのではなく、小さな中に必要なものが一通りそろっていて、徒歩中心で生活できるという意味であり、地域公共交通とも親和性が高くなります。そういうまちを目指して長期的に取り組むことが求められています。

しかし現状を見れば、ショッピングモールや病院のような、みんなが行きたい場所は郊外にあったりする。こうした施設を駅周辺に戻していくことは、ある程度は必要だと思いますが、ネットショッピングが普及するなか、車でわざわざ郊外へ買い物に出かけるという生活スタイルは変化していく可能性が高い。中心市街地は、車で乗り付けて大量の買い物をする場所というよりは、飲食、教養、芸術、アミューズメントなど、豊かな文化体験をする場所として再開発し、そこへ向かう地域公共交通を整備することで、まちの活気を取り戻していくのが良いと考えます。

先生は、「おでかけが楽しくなるまち」になるよう、アドバイスをされていらっしゃいますが、どのような意味でしょうか。

地域公共交通の品質は、「乗って楽しいこと」と「降りても楽しいこと」の掛け算ととらえています。前者の「交通手段そのものに魅力がある」ということも大切ですが、後者の「行きたい場所がある」ことはそれ以上に大切であり、それらの掛け算として高品質な「おでかけ」をどれだけ多く提供できるかが、地域の生活を豊かなものにする鍵だと考えます。

だから、単に移動手段を充実させるだけでなく、移動に伴って楽しい「こと」があるような仕組みをつくる。例えば、駅やバスセンターにFree Wi-Fiや電源、居心地のいいイスとテーブル、テレビ、ストリートピアノなどを設置し、単なる待合所ではない、人々が気軽に集える「居心地の良いパブリックスペース」に変えていく。高山市役所久々野支所は好例で、地域のバスセンターを兼ねる支所が、住民の憩いの場となっています。

高山市「虹流館(こうりゅうかん)くぐの」
久々野支所ほか複合公共施設
名古屋大学　加藤博和

他の例を挙げると、北海道・帯広の十勝バスは、人気の観光施設や店舗の料金とバス往復運賃をまとめた「路線バスパック」を売り出している。これは、行きたいと思える場所を発掘し市民や来訪者に提案することで、交通需要そのものをつくり出す試みです。地域公共交通の利用が進み、市民は生活が楽しくなり、店やまちは賑わうというメリットが多い優れた取り組みと言えます。

こうした例のように、公共交通事業者は従来の「運送業」から、「ライフスタイル提案型産業」へ変わっていく必要があると考えます。

実は、Z世代は地域公共交通と親和性が高いのではと思っています。同世代が多い20世紀に生まれた我々とは違い、彼らは人が集まるところに居場所を求める。スタバで勉強や仕事をしている若い人をよく見ますよね。みんなそれぞれやりたいことをやっているけど、周りに人がいてほしい、そんな彼らの居場所を、駅やバスセンターにつくると、みんなが集まってきて、まちは賑わいを取り戻します。人が乗り合う公共交通の車内も居場所と言えます。昔は「車の運転が大好き」という若者がたくさんいたが、今の若者は車の運転より、バスや電車の中でスマホを見ている方が楽しいと言う。こうした若い人たちが地域公共交通を積極的に使ってくれるようになれば、地域の持続可能性も高まることでしょう。

逆に「高齢になり車に乗れなくなったら電車・バスに乗る」と言う高齢者の方がいますが、まずそうなりません。車の利便性に慣れきってしまうと、公共交通は車より面倒なので、免許を返納したらまず外出しなくなる。「元気な老人」となって、健康的に長生きするためには、動けるうちから地域公共交通を使う習慣を身に着けてほしいし、そのためにも、「楽しいおでかけ」という動機をつくることが重要なのです。

地域公共交通の費用は、だれが負担するのが望ましいのでしょうか。

過去の日本では利用者が負担する運賃で運営できたのですが、現在、それだけではほとんどの地域公共交通は存続できません。

地域公共交通があると、例えば親が子供を学校まで送迎する手間や時間を省くことができる。いざというときに使える、将来の自分が使えるといった生活の安心感にもつながります。乗客が増えれば、商店街が賑わうとか、観光客が来るといったように、まちづくりの側面からもインパクトがあります。ですから、今、地域公共交通を利用していない人も、そういったことに対して、税金などの方法で費用を負担することが必要です。

最後に、地域公共交通が目指すべきものは何ですか。

バラバラでは使いにくい各輸送手段を、あたかもひとつのサービスのように使いやすくする手段

MaaSの新解釈、いや、真解釈！

M：もっと
a：あなたらしく
a：あんしんして
S：せいかつできるために

これが地域公共交通のアウトカム

名古屋大学　加藤博和

として、MaaS（Mobility as a Service）という言葉が知られるようになりました。しかし私は、MaaSにはもう1つ意味があると考えています。

「もっと、あなたらしく、安心して、生活できるために」。地域公共交通は、そのためにあるのではないでしょうか。公共交通を整備して、地域の皆さんに使っていただくことで、もっと自分らしく、安心して生活できるようになり、その地域により多くの人が住んでもらえる、若者も地域に残ってもらえようになるのではないでしょうか。そうでないと、人口減少が進む地域自体が、持続可能なものではなくなってしまいます。

多くの方に乗っていただいて、ありがたがっていただいて、人との交流が増えて、SDGsにも貢献する。これが、地域に住む我々（市町村、交通事業者、地元の企業、住民）が目指すべき、地域公共交通の姿だと考えています。

第8章　十六総合研究所の取り組み

十六総合研究所は啓発活動の一環として、本提言書の趣旨を地域の皆さまに知っていただくため、地元メディアに各種記事を寄稿しています。

2022年7月30日　岐阜新聞　朝刊

ローカル鉄道　「乗って残す」住民の意識大切

Q ローカル鉄道を取り巻く現状は。

A 地方の生活を支えてきましたが、存続が危ぶまれています。人口減少やマイカーへのシフト、新型コロナウイルス感染症による乗客減、在宅勤務の定着などで、利用者の減少に歯止めがかからないためです。国土交通省の有識者検討会は、輸送密度が極めて低いJR路線については既存のスキームに加え、国の主体的な関与により自治体や交通事業者などが協議会を設置し、鉄道の存続やバス転換などを議論していくことを提言しています。

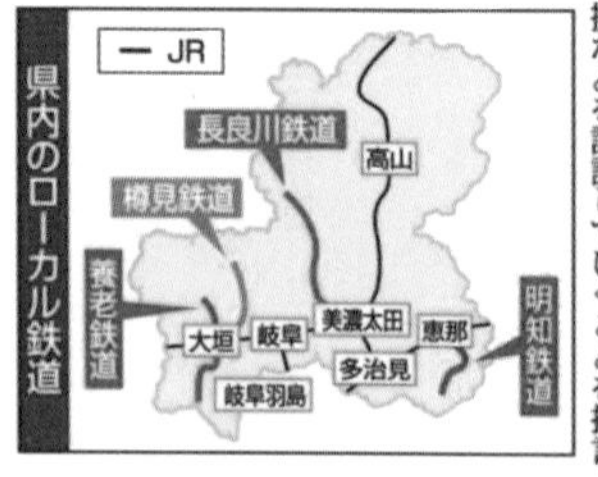

Q 県内の状況は。

A 長良川鉄道、明知鉄道、樽見鉄道、養老鉄道などが路線網を有しており、JRや名古屋鉄道も単独では採算が合わない閑散区間を抱えています。経営状況は全般に厳しく、路線網維持のために、例えば県はローカル鉄道4社の路線維持・改修等に約4億円（2021年度）の補助金を拠出していますし、名鉄広見線新可児～御嵩間は、運行継続のため可児郡御嵩町と可児市が負担金を拠出しています。ローカル鉄道の存続は、地元自治体の支援にかかっているともいえます。

Q 存続のためには。

A 地域にとって真に必要な交通機関が鉄道であるならば、地域住民の「実際に乗って残す」という意識が大切です。「鉄道はあるといいけど、自分は車しか乗らない」という考えの人ばかりでは、存続は困難でしょう。ローカル鉄道に代表される地方の公共交通は、主に高校生の通学や高齢者の通院、買い物などの移動手段として、生活に欠かせないインフラです。地元自治体、交通事業者、地域住民が一体となって、持続可能な公共交通の在り方を真剣に考えていかなければなりません。（十六総合研究所主任研究員　小島一憲）

2022年11月23日　中日新聞　朝刊

自動運転バスを応援しよう

風向計

自動運転バスの導入は、運転手不足や少子高齢化による利用者減が問題となる中、公共交通を維持していくための有効な解決策になる。岐阜市の自動運転実証実験に参加し、そう確信した。

人間の運転に比べれば、まだまだ至らない点は多い。安全確保のための自動停車はやや過剰であり、スピードも遅く狭い路地では渋滞の原因となる。路上駐車中の車を避けるのも苦手だ。しかし、欠点だけを見てマイナス評価をするばかりでは、いずれ実現する素晴らしい未来の到来を遅らせることになる。

若葉マークの新米ドライバーは、運転技術は未熟だしミスだって犯すが、周囲のベテランドライバーはそれを温かい目で見守り、応援してくれる。現在の自動運転バスも今はまだまだ未熟だが、研究者の努力と技術革新で、いつか人間が運転する以上に安全で快適な乗り物へと成長するだろう。今の私たちにできることは、減点主義で駄目出しをするのではなく、自動運転バスの特性を十分に理解し、安全運行に協力しつつ、その成長を温かい目で見守っていくことだと思う。（十六総合研究所主任研究員　小島一憲）

2022年12月24日　岐阜新聞　朝刊

トレンドワード　岐阜プラス

バスやタクシー運転手不足

乗客の悪いマナーも一因

Q 全国でバスやタクシーの運転手が不足しているというのは本当か？

A 本当です。運転手の求人に応募する人が少ない状況です。運行に必要な人員を確保できず、やむなくバスの本数を減らしたり、タクシー会社が営業エリアから撤退したりする動きが県内でもみられます。

Q 運転手のなり手が少ないのはなぜか？

A 十六総合研究所が県内の成人男女360人にアンケートを行ったところ、88％の318人が「運転手は転職先の候補にならない」と回答しました。その理由を順に3つ尋ねたところ、理由の1位に挙げた人が最も多かった回答が「運転技術に自信がない」でした。また1～3位の合計ポイントで最も多かった回答が「マナーの悪い乗客など接客への不安」でした。

Q どうすれば公共交通を維持できるか？

A 私たちのマナー向上が重要です。バスでは混雑時に1人で複数の座席を占領する人、かばんを背負ったままの人、せきやくしゃみのマナーが悪い人などが見られます。タクシーでは酒に酔って横柄な態度を取る人も少なからずいます。こうしたマナー違反の行動が、運転手の応募が少ない主要因ということを受け止める必要があります。

バスやタクシーの運転手は、他業界に比べて高齢な人が多いです。新規採用が滞ると運転手不足はますます深刻化し、地域公共交通網の維持が非常に困難となります。人として当たり前のマナーを守ることが、地域の暮らしを守ることにつながることを意識し、お互いに気持ちよく公共交通を利用していきましょう。

（十六総合研究所主任研究員　小島一憲）

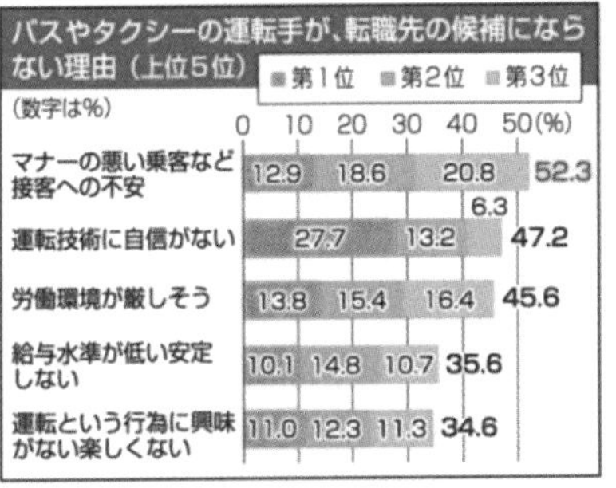

2023年1月28日　岐阜新聞　朝刊

地域公共交通が危機

認識を深め維持へ行動を

Q 地域公共交通の危機がささやかれています。

A 自家用車の普及や人口減少に加え、コロナ禍による外出機会の減少で公共交通の利用者は大きく減少しており、地方のバス会社や鉄道会社の多くは厳しい経営を余儀なくされています。国や自治体は補助金などで支援をしていますが、各地で減便や廃止が相次いでいます。

Q 自家用車があれば公共交通は不要なのでは？

A 公共交通は、自家用車を運転できない学生や高齢者、通勤客や地域を訪れる観光客の移動手段として重要な役割を果たしています。公共交通がなくなると生活が不便になり、地価の下落や過疎化の進行などで地域の衰退が進みます。利用者の減少が続けば、今は若くて元気な人が運転免許を返納する日まで、バスや鉄道の路線が残っているとは限りません。

Q 私たちはどうするべきでしょうか？

A 十六総合研究所が実施した県内の成人男女360人に対するアンケートにおいて、公共交通の重要性に関する500字程度の文章を読んでもらったところ、26・4％の人に考え方の変化がありました。乗車回数や金銭的な負担を増やすなど、バスや鉄道の維持のために前向きな考えを示す人が増えました。これは公共交通の重要性をあまり認識していない人が相当数いること、そして私たちの考え方次第で、公共交通の利用者数や事業活動を支える資金を増やす余地があることを示唆しています。

私たちは今まで以上に公共交通に対する認識を深め、地域を支える重要なインフラとして、これらを維持するためにできる限りの行動を起こしていくことが大切だと考えます。

（十六総合研究所主任研究員　小島一憲）

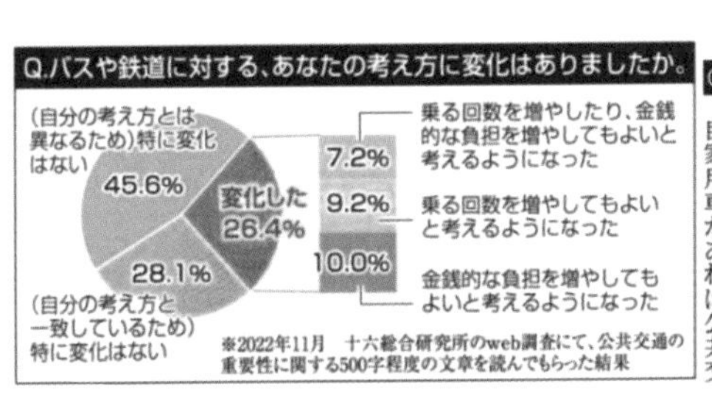

※2022年11月　十六総合研究所のweb調査にて、公共交通の重要性に関する500字程度の文章を読んでもらった結果

おわりに

自家用車があれば、利便性に劣る公共交通は必要ないのではないかという声を聞く。さらには IT の進歩により、いずれは外出する必要すらなくなるのではという声すら聞く。確かにネット通販で生鮮食品が自宅に届く時代だ。リモートワークやオンライン授業が普及し、オフィスや学校に通う必然性も低くなった。SNS やテレビ電話は、直接人と会って話をする機会を代替する。こうした生活環境の変化は、公共交通はもはや時代遅れで、利用する人が少ないのなら廃止もやむを得ないのではという論調を形成する背景となっている。

しかし、外出に伴うリアルな体験や、人と出会い、じかに言葉を交わす機会は、子どもなら人格の形成や成長に、大人なら健康維持や生きがいの創出に、そして社会全体で見れば地域の活性化に非常に有益である。自家用車を運転できない子ども・学生や高齢者にとって、公共交通がなくなることは、こうした大切な機会を奪われてしまうことを意味するため、その地域に住む魅力は色あせてしまう。また、自家用車が使えなくなった場合にもバスやタクシーで移動できる、この安心感をお金で買うことは難しい。高齢ドライバーによる交通事故増加が社会問題となっているが、地方では免許を返納したくても、公共交通が脆弱なために自家用車を使わざるを得ない人も増えている。このように公共交通の維持・充実は、地域の魅力と安全・安心な暮らしに直結する、非常に重要な課題である。

地域公共交通の衰退は、人口減少や利用者の自家用車へのシフトがもたらした構造的な要因によるものであり、従来の延長上にあるような対応では、これにブレーキをかけることが非常に難しくなっている。私たちは今、自ら変化を起こすことでこの流れを変え、公共交通の持続可能性を高めることで、地域の未来をより明るいものにしていくべきであると考える。本書では、地域住民、企業、公的部門に対して以下の提言を行った。

・ 地域住民の方々には、公共交通に乗ること、またはその維持のために資金を負担することで、公共交通を主体的に支援し、その維持に協力する意識を持っていただくことが何より大切である。同時に、「自分の都合」から「地域を残す」という発想の転換や、SDGs の達成を意識した環境へ配慮した生活へのシフト、公共交通利用時のマナー向上などにも取り組んでいただきたい。

・ 企業には、公共交通の利用促進や、受益者として得た便益の社会還元、資金支援といった、公共交通を維持していくための主体的な行動を期待したい。

・ 公的部門には、「適材適所」と「一所懸命」の実現により、限られた地域資源を最大限活かした、その地域にふさわしい公共交通を、地域一体となって実現していく体制の構築・推進に期待したい。地域住民の真のニーズを把握するためのボトムアップアプローチ、公共交通に対する意識を高めるための啓発活動、自家用車からの移行促進策なども有益と考える。また、MaaS 連携の推進は、地域振興にも繋がる。

変化には痛みを伴う。利便性を犠牲にすることや費用や対応のための時間・手間が今以上にかかることを覚悟しなければならない。しかしそれを「マイナスなもの」としてではなく、「健康で豊かな暮らしを確保し、持続可能な地域を実現するための前向きな投資」であると、考え方を転換していくことが、今の私たちに求められているのではないだろうか。

また、今回実施したアンケートの結果は、多くの人々は公共交通のメリットや重要性を、普段はそれほど認識していないだけで、それに気付いてもらえさえすれば、利用客増加や財政的支援の強化に繋がる可能性があることを示唆するものであった。よって、今まで必ずしも十分とは言えなかった啓発活動を積極的に行うことにより、地域住民の公共交通に対するスタンスを、より前向きなものに変化させていくことが可能であると考える。

今こそ、地域が自ら変化を起こし、これからの地域公共交通を、そして地域の未来を、より明るいものにしていただきたいと願ってやまない。

最後に、ご多忙中にもかかわらず、本提言書作成にあたりご助言をいただいた、名古屋大学大学院環境学研究科附属持続的共発展教育研究センターの加藤博和教授に、この場をお借りして御礼を申し上げたい。

2023 年 4 月

株式会社十六総合研究所

これからの地域公共交通

十六総合研究所　提言書

発行日	2023年4月20日
取材・文章	株式会社十六総合研究所　小島一憲
編著	株式会社十六総合研究所　編集委員会 〒500-8833　岐阜県岐阜市神田町7丁目12 TEL：058-266-1916 http://www.16souken.co.jp/
発行	株式会社岐阜新聞社
問い合わせ	株式会社岐阜新聞情報センター出版室 〒500-8822 岐阜県岐阜市今沢町12　岐阜新聞社別館4階 TEL：058-264-1620（出版室直通）
印刷・製本	株式会社太洋社

Printed in Japan.
ISBN978-4-87797-322-3